ALBUM

DE

MANŒUVRES D'INFANTERIE

PAR

LE GÉNÉRAL DE DIVISION

COMTE DE SCHRAMM

ALBUM

DE

MANŒUVRES D'INFANTERIE

PAR

LE GÉNÉRAL DE DIVISION

COMTE DE SCHRAMM,

PRÉSIDENT DU COMITÉ DE L'INFANTERIE,

Sénateur.

DEUXIÈME ÉDITION,

AUGMENTÉE DE QUINZE NOUVELLES MANŒUVRES.

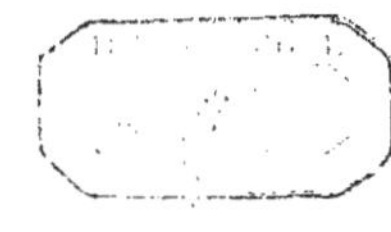

PARIS,

A. LENEVEU, LIBRAIRE POUR L'ART MILITAIRE,

RUE DES GRANDS-AUGUSTINS, 18, PRÈS LE PONT-NEUF.

1855.

Montmartre.—Imp. Pilloy et Cie, boulevard Pigale, 50.

AVANT-PROPOS

DE L'ÉDITEUR.

Ayant acheté une partie des bibliothèques de M. le duc d'Orléans et de M. le comte de Paris, je trouvai parmi les ouvrages tombés ainsi en ma possession un manuscrit de M. le général DE SCHRAMM, *président du comité de l'infanterie.* Je le parcourus avec empressement, et, après avoir reconnu qu'il n'avait pas été publié, je demandai à l'auteur la permission de le livrer à l'impression. M. le général *de Schramm* a bien voulu y consentir, et c'est son travail que j'offre à l'armée. Je suis certain d'avance que ce livre, plein d'intérêt pour les hommes qui s'occupent de tactique, sera recherché avidement par tous les officiers curieux de s'instruire.

Les manœuvres proposées ne sont pas dans l'ordonnance, mais elles découlent immédiatement de ses principes; elles comblent certaines lacunes et mettent à même, dans plusieurs cas, de se plier aux exigences du terrain ou de la présence de l'ennemi.

A. LENEVEU,

Libraire pour l'art Militaire.

NOTICE BIOGRAPHIQUE

DE M. JEAN-PAUL-ADAM

COMTE DE SCHRAMM,

Sénateur,

GÉNÉRAL DE DIVISION, PRÉSIDENT DU COMITÉ DE L'INFANTERIE,

ANCIEN DÉPUTÉ, ANCIEN PAIR DE FRANCE, ANCIEN CONSEILLER D'ÉTAT, ANCIEN MINISTRE DE LA GUERRE, GRAND'CROIX DE LA LÉGION-D'HONNEUR, GRAND'CROIX D'ISABELLE LA CATHOLIQUE, GRAND'CROIX DE L'ORDRE DE PIE IX, GRAND'CROIX DE LA COURONNE DE CHÊNE DES PAYS-BAS, ET DU NICHANI-IFTIKHAR COMMANDEUR DE L'ORDRE DE LÉOPOLD DE BELGIQUE, GRAND COMMANDEUR DE L'ORDRE SUPRÊME DU SAUVEUR, CHEVALIER DE LA RÉUNION, DE JOSEPH MAXIMILIEN DE BAVIÈRE, DE SAINT-LOUIS, ET DÉCORÉ DE LA MÉDAILLE MILITAIRE;

PAR LE COLONEL BRAHAUT,

CHEF DES TRAVAUX HISTORIQUES AU MINISTÈRE DE LA GUERRE.

Il est des vies si honorablement et si utilement remplies, qu'une simple énumération des faits en serait l'histoire la plus éloquente; telle est celle de M. le général de division, comte de Schramm. Militaire, l'étoile des braves brille sur sa poitrine à l'âge de seize ans; le grade de général de brigade lui est conféré à l'âge de vingt-quatre ans; administrateur, on le voit directeur général du personnel de la guerre et des opérations militaires, conseiller d'État, inspecteur général, membre et président de différentes commissions, président du comité de l'infanterie; législateur, il participe aux travaux de la Chambre des députés et à ceux de la Chambre des pairs.

Il fallut des dispositions spéciales, une grande application, une parfaite exactitude dans l'accomplissement de devoirs rigoureux, et l'exemple d'un père élevé par la distinction de ses services jusqu'au grade de général de division, pour que le général de Schramm acquît promptement les titres nécessaires à un avancement rapide et mérité. Ses services, sa vie entière, témoignent de ses efforts incessants pour atteindre cet honorable but.

Né à Arras (Pas-de-Calais), le 1er décembre 1789, il entra au service dans la 2e demi-brigade d'infanterie légère, où il fut nommé sous-lieutenant. Placé ensuite dans une des compagnies de carabiniers de cette demi-brigade, qui furent appelées à former le bataillon d'élite commandé par le colonel Schramm, son père, il fit la campagne d'Autriche, dans la division de grenadiers réunis, sous les ordres du général de division Oudinot.

Le jeune Schramm avait recherché avidement les faits d'armes de toutes les époques, particulièrement ceux des armées de la République et du Consulat ; il savait que le corps auquel il appartenait avait beaucoup contribué à former le faisceau de gloire militaire dont la France s'enorgueillit. Il avait présentes à l'esprit les actions où la 2e légère s'était signalée : les combats de Neumarck (12 germinal an V — 1er avril 1797) ; de Neudeck (col de Tarvis) ; de Hundsmarck. A ces deux derniers (13 et 14 germinal — 2 et 3 avril), le capitaine Schramm, père du jeune sous-lieutenant, commandant le 2e bataillon, s'était distingué. La 2e légère avait mérité les plus grands éloges du général Masséna, qui, dans un ordre du jour, donna à ce corps le surnom de *Brave deuxième*.

Le sous-lieutenant Schramm voyait la 2e légère en Égypte, à la bataille des Pyramides (24 messidor an VI — 23 juillet 1798) contribuer à cette victoire ; à l'affaire de Nazareth ou Loubi (Syrie), si connue sous le nom *des* 300 *braves* (19 germinal an VII — 8 avril 1799) ; à la bataille du Mont-Thabor (27 germinal — 16 avril) ; à Saint-Jean-d'Acre, au combat de Lesbech (10 brumaire an VIII — 1er novembre 1799).

Tant de glorieux faits d'armes enflammèrent l'âme du jeune Schramm ; excité en outre par la présence de son père, il allait bientôt mériter lui-même ces citations honorables que ses études avaient gravées dans sa mémoire. Wertingen, Oberkirchberg, Ulm, théâtres des premières actions de la division des grenadiers réunis, ont vu briller sa valeur naissante.

A Wertingen, 8 octobre, le lieutenant Schramm reçoit de son capitaine le commandement de la moitié de sa compagnie ; il traverse, à la tête des braves grenadiers, les rangs des ennemis, se dirige sur une pièce de canon dont le feu gênait la colonne française, s'empare de cette pièce et fait un grand nombre de prisonniers ; il contribue ainsi, personnellement, au succès de cette affaire, qui fit beaucoup d'honneur aux grenadiers du général Oudinot.

A Hollabrünn, le lieutenant Schramm se distingue de nouveau en enlevant une pièce de canon aux ennemis et faisant de sa main un officier russe prisonnier.

Dans les affaires qui suivirent, il ne laissa échapper aucune occasion de déployer sa valeur et son sang-froid. Le général Oudinot le proposa exceptionnellement, après la bataille d'Austerlitz, pour la croix de la Légion-d'Honneur, qui lui fut donnée le 14 mars 1806.

Dans la campagne de 1806-1807, qu'il fit comme aide de camp de son père, il prit une part très-active au siège de Dantzick, particulièrement à l'attaque de la Frische-Nehrung, que le général Schramm père enleva dans la nuit du 19 au 20 mars. La possession de cette grande langue de terre était très-importante, en ce que l'on pouvait alors resserrer la ville du côté de l'orient et du nord, et gêner sa communication avec la mer. Le lieutenant Schramm, chargé de porter l'ordre d'attaque, fut assailli par deux cavaliers russes ; il les combattit avec résolution, en tua un, blessa l'autre, et sortit vainqueur de ce combat inégal dans lequel il fut blessé. Surmontant la douleur que lui causait sa blessure grave, il accomplit sa mission, remit en temps utile l'ordre dont il était porteur, et de l'exécution duquel dépendait le succès de l'attaque de la Frische-Nehrung. L'empereur récompensa cette action courageuse en nommant le jeune Schramm capitaine (19 avril 1807), et en le plaçant dans la garde impériale (fusiliers-chasseurs), le 4 juin suivant, après la prise de Dantzick.

A la bataille d'Heilsberg (10 juin), le capitaine Schramm donne de nouvelles preuves de sa valeur et reçoit un coup de feu au côté droit.

En 1808, il se rend en Espagne avec les régiments de fusiliers-chasseurs, et prend part à cette campagne de quelques mois, dans laquelle l'empereur s'empare de Madrid, après avoir détruit ou dispersé les armées espagnoles, et repoussé l'armée anglaise sur la Corogne.

La veille de la prise de Madrid, le capitaine Schramm eut occasion de se distinguer en résistant à une sortie vigoureuse de l'ennemi, avec une poignée de braves qui furent presque tous blessés.

Les armements de l'Autriche ayant rappelé l'empereur à Paris pour se préparer à la nouvelle lutte qui allait s'engager, la garde rentra en France, et fut bientôt dirigée sur l'Allemagne. Le capitaine Schramm marcha avec les fusiliers-chasseurs, et fit cette campagne mémorable (1809).

Après avoir suivi le mouvement sur Ratisbonne et sur Vienne, la jeune garde (les quatre bataillons de fusiliers-grenadiers et fusiliers-chasseurs) se signale à la bataille d'Essling, le 22 mai, en chassant de ce village les grenadiers hongrois, dernière réserve du prince Charles, avec laquelle il était parvenu à prendre Essling, vers trois heures de l'après-midi. Dans une lutte pareille d'un corps qui n'avait que deux années de formation, contre ces vieux grenadiers hongrois d'une si grande réputation de valeur, il fallut l'aplomb, le sang-froid et tout le savoir des officiers de la jeune garde, pour donner à l'ardeur des braves grenadiers et chasseurs qu'ils commandaient, la direction habile qui devait leur assurer la victoire. Le capitaine Schramm s'était déjà fait connaître avantageusement dans la campagne de Pologne et en Espagne; il montra de nouveau, à Essling, ce que l'on pouvait attendre d'un officier brave et intelligent.

A Wagram, les fusiliers et les tirailleurs prennent part aux mouvements qui ont lieu pendant la bataille, le 5 et le 6 juillet; et vers une heure et demie de l'après-midi de ce dernier jour, placés sous les ordres du général Reille (1), ils vont soutenir les divisions Durutte, Pacthod, Serras et de Wrède. Ces divisions venaient d'être envoyées par l'empereur pour appuyer le mouvement de la formidable colonne du général Macdonald, sur le centre de l'armée ennemie; ce hardi mouvement décida du sort de la bataille; mais exécuté sous une grêle de boulets, la redoutable colonne du général Macdonald, à force de combattre et de vaincre, se trouvait réduite à moins de 1,500 hommes, et forcée de s'arrêter à portée de Sussenbrünn.

Dès que la division Durutte et les trois autres arrivèrent sur les flancs de la colonne du général Macdonald, les Autrichiens se mirent en retraite, et la victoire fut assurée. Après la paix de Vienne (14 octobre 1809), la garde rentra en France, et les fusiliers-chasseurs ne tardèrent pas à être envoyés de nouveau en Espagne, où ils firent les campagnes de 1810 à 1812 dans les provinces du Nord. Les corps qui y étaient établis protégeaient les communications avec la France et livraient continuellement aux nombreux guérillas, des combats dans lesquels les officiers, presque tous détachés avec peu de troupes, étaient abandonnés à eux-mêmes et obligés de se tenir incessamment en garde contre toute espèce de surprises, de chercher, à leur tour, à surprendre l'ennemi, et de lutter toujours contre des forces numé-

(1) En ordonnant au général Reille de marcher avec la jeune garde, l'empereur lui dit : « Ne vous aventurez pas; « car il ne reste auprès de moi, pour dernière réserve, que les deux régiments de vieille garde. »

riquement bien supérieures aux leurs. Dans ces combats, où les troupes françaises avaient presque toujours l'avantage, le capitaine Schramm eut des actions brillantes; et une entre autres, qui, par l'audace de l'attaque et le succès obtenu avec cent hommes contre deux mille, lui mérita les éloges les plus flatteurs, le plaça dès ce moment à la tête des officiers d'élite de son régiment, et fit pressentir sa haute fortune militaire. Ce beau fait d'armes lui valut, un mois après, le 18 septembre 1811, le grade de chef de bataillon dans le 2ᵉ régiment de voltigeurs de la garde.

Détaché avec son bataillon sur la frontière de Portugal, il fit preuve de grande habileté pour contenir un ennemi entreprenant et en forces supérieures : il eut à soutenir plusieurs attaques qui, toutes, furent repoussées avec avantage et profits, par les prises considérables faites en bagages et provisions.

La campagne de Saxe (1813) devait procurer une revanche à la grande armée et exigeait de nouvelles actions de dévouement et de valeur. Le chef de bataillon Schramm, nommé le 14 avril 1813, major commandant du 2ᵉ régiment de voltigeurs, en récompense de la distinction de ses services dans les campagnes précédentes, va se signaler de nouveau à la bataille de Lutzen (2 mai). Le village de Kaya, la clef du champ de bataille, avait déjà été pris et repris par l'ennemi; l'empereur envoya sa garde pour enlever ce point important aux alliés. Le feld-maréchal Blücher s'efforça en vain de lutter contre la phalange de braves lancée sur lui; écrasé, abîmé par la mitraille, il fut forcé et chassé de sa position; la jeune garde pénétra dans Neu-Kaya par toutes les issues, et renversa tout ce qui lui opposa résistance.

Dans cette action éclatante, le colonel Schramm avec deux régiments de la jeune garde, avait été chargé de soutenir l'attaque du maréchal Ney sur Kaya; il aborda avec vigueur la position occupée par l'ennemi; deux attaques successives échouèrent devant la garde prussienne, à laquelle le colonel Schramm n'avait à opposer que des recrues de trois mois ; mais ayant promptement rallié ses troupes, et les ayant électrisées par une allocution chaleureuse, appuyée de tout le poids de l'exemple de son intrépidité, il les ramena aux retranchements des Prussiens, qu'il enleva enfin au pas de charge et à la baïonnette, sous le feu d'une nombreuse artillerie et de la mousqueterie. Cette position reprise, l'ennemi commença sa retraite, et dès ce moment la bataille fut gagnée. L'empereur, témoin de ce brillant fait d'armes, nomma le colonel Schramm officier de la Légion-d'Honneur et baron de l'Empire (14 mai). Ce jeune colonel s'était tellement exposé pour enlever ses troupes, qu'il reçut, à quinze pas, deux blessures, l'une au bras, l'autre dans la poitrine; celle-ci était si grave que, pendant quelques jours, on craignit pour sa vie. Le soir même, l'empereur envoya son propre médecin s'informer de l'état du colonel. Les chirurgiens déclarèrent qu'il ne passerait pas la nuit. Les soins dévoués de l'adjudant-major Bosquet, de son régiment, qui passa la nuit à sucer sa blessure, lui sauvèrent la vie. Le soir même de la bataille, l'empereur avait fait écrire au père du colonel Schramm que son fils, succombant à ses blessures, emporterait du moins au tombeau le grade de général de brigade; mais, par suite des préoccupations de la guerre, ce grade ne lui fut donné que quelques mois plus tard, après qu'il l'eut gagné par de nouvelles actions d'éclat, particulièrement à Dresde.

Malgré l'état de faiblesse dans lequel se trouvait le colonel Schramm, il voulut absolument retourner à son régiment, dès qu'il vit s'approcher le terme de l'armistice; il le rejoignit avant la reprise des hostilités ; et bien qu'il eût encore le bras en écharpe, et qu'il eût à peine la force de se tenir à cheval, il suivit les mouvements de la jeune garde, de Dresde sur Gorlitz et Lœvenberg.

Après que l'empereur eut battu l'armée de Silésie (21 août), la garde revint sur Dresde par une marche forcée : partie de Lœvenberg le 22, elle arriva à Stolpen, le 25, ayant fait quarante lieues en quatre jours.

Le lendemain (première journée de la bataille de Dresde), la jeune garde rentrée dans cette ville, le 26 au matin, débouche par la porte de Pirna et par celle de Plauen, et culbute tout ce qui lui oppose résistance ; elle pousse vivement l'ennemi et le force à abandonner les portes de la ville qu'il occupait déjà. Dans cette action, le colonel Schramm (de la division Dumoustier, brigade du général Tindal) se signale de nouveau, à la tête de la colonne dont il faisait partie, en marchant résolument à l'ennemi sous le feu meurtrier de son artillerie, le repoussant et s'emparant d'une partie de ses pièces.

Le 27, la jeune garde, manœuvrant dans la plaine, la gauche à la rivière, et la droite aux collines, mérita les éloges de toute l'armée par son intrépide valeur et la précision de ses mouvements.

Le colonel Schramm prit une glorieuse part à la victoire complète que l'empereur remporta sur les armées ennemies, et conduisit son régiment à Pirna, dans le mouvement effectué le 28 août, pour couper les Autrichiens en retraite, les détruire ou les disperser. Il était encore sur cette position lorsque, le 26 septembre, l'empereur le nomma général de brigade, en récompense de ses services distingués pendant cette courte et brillante campagne.

Le général Schramm eut immédiatement le commandement d'une brigade dans la division Mouton-Duvernet, du 14e corps d'armée, sous les ordres du maréchal Gouvion Saint-Cyr qui, chargé de couvrir Dresde, fut obligé de se rapprocher de cette ville, dont l'ennemi ne tarda pas à former l'investissement. Pendant le blocus, le général Schramm prit part au mouvement de quatre divisions que le maréchal dirigea de Dresde sur Rackintz, et au combat du même jour (17 octobre). Dans ce combat, le général Schramm fit bon nombre de prisonniers, et faillit prendre leur général en chef, le comte de Tolstoy, qui fut repoussé sur Dohna, avec perte de dix pièces de canon, d'une vingtaine de caissons et d'un équipage de pont. Mais, renforcé par le corps du général Klénau, le comte de Tolstoy resserra les troupes des 1er et 14e corps dans la ville de Dresde.

Informé de l'arrivée d'un renfort russe de 3 à 4,000 hommes, le maréchal Saint-Cyr chargea le général Schramm de le reconnaître et d'aller à sa rencontre avec 1,500 fantassins et 300 cavaliers. L'ennemi s'étant imprudemment établi dans une vallée, sans faire occuper les hauteurs boisées qui l'entouraient, ni assurer sa retraite, le général Schramm profita habilement de cette faute capitale, disposa ses troupes avec tant d'intelligence, qu'à un signal donné par lui, six têtes de colonnes fondirent au pas de charge sur l'ennemi, qui, surpris, se rendit prisonnier, sans que ce résultat brillant coûtât beaucoup de pertes aux braves français.

Plus tard, le 29 octobre, le maréchal Saint-Cyr ayant ordonné une nouvelle sortie, le général Schramm fit encore preuve d'intelligence en manœuvrant habilement devant des forces très supérieures. A la fin du combat et lorsque la colonne rentrait, il reçut un coup de feu au pied droit, qui le retint au lit pendant six semaines. Pendant ce temps, le maréchal Saint-Cyr, cédant à des considérations d'humanité, avait accepté une capitulation plusieurs fois offerte et refusée : la garnison, ayant déposé ses armes, devait retourner en France (11 novembre). Mais cette capitulation, pendant qu'elle s'exécutait loyalement par les chefs français, fut violée honteusement par l'ennemi. Les 1er et 14e corps déjà échelonnés par étapes, et par conséquent divisés par groupes, furent déclarés prisonniers et conduits en Hongrie, où le général Schramm dut se rendre dès qu'il se trouva en état de supporter la fatigue de la route. Il fit partie de la 3e colonne, qui arriva le 4 février 1814 à Tyrnau, d'où elle repartit le 6 pour Grann, destination qui lui fut assignée.

Le général Schramm, rentré en France le 1er juillet 1814, ne demanda pas d'emploi tout de suite, pour rétablir sa santé, et ce ne fut que dans les deux dernières années de la Restauration qu'il reçut des commandements. Cependant, l'Empereur, après son retour de l'île d'Elbe, l'avait nommé (29 mai 1815) au commandement du département de Maine-et-Loire, fonction qu'il cessa avant le retour des Bourbons, pour prendre part aux travaux de la commission de défense de Paris, créée le 15 juin.

De 1815 à 1828, le général Schramm vécut éloigné des affaires ; mais il utilisa ce temps par une étude approfondie des grandes questions d'organisation et d'administration, ainsi que par la recherche des applications de la tactique aux divers cas qui se présentent à la guerre.

En 1828, il eut le commandement de la 1re brigade de la 1re division du camp de Saint-Omer, et passa le 10 août 1830 au commandement du département du Bas-Rhin.

Au mois de septembre 1831, il fit partie de l'armée d'expédition de Belgique, comme commandant de la 1re brigade de la division d'infanterie réunie à Givet.

A la fin de l'année (31 décembre), il fut appelé au commandement de la 1re brigade de la garnison de Paris. Dans l'exercice de ces fonctions, il contribua puissamment au rétablissement de l'ordre (journées des 5 et 6 juin 1832), ce qui le fit nommer lieutenant-général le 30 septembre de la même année. Pendant le siége d'Anvers (1832-1833), il fut placé à la tête des grenadiers et voltigeurs réunis, formant la réserve de l'armée du Nord, et prit avec sa division une part active aux opérations du siége.

En 1834 (12 avril), il fut envoyé à Lyon pour commander les troupes réunies dans cette ville, afin d'appuyer les dispositions du lieutenant général commandant la division, contre l'insurrection qui avait éclaté parmi la population. Il eut une grande part au rétablissement de l'ordre. La fermeté et la prudence qu'il déploya dans cette pénible circonstance, le firent choisir pour apaiser quelques mouvements de troubles qui s'étaient manifestés à Chartres.

En 1837, le général Schramm commanda la 2e division d'infanterie, au camp de Compiègne.

En 1838, il eut le commandement de la division de rassemblement, sur la frontière de la Suisse avec le commandement supérieur des 5e et 6e divisions territoriales.

L'année suivante, il commanda la 3e division d'infanterie du corps de rassemblement de la frontière du Nord.

En 1839, il eut le commandement de la 3e division de l'armée d'Algérie ; puis, en mars 1840, le commandement supérieur de la province d'Alger, pendant l'absence du corps expéditionnaire.

Nommé chef d'état-major-général de l'armée d'Algérie, le 1er avril 1840, il prit part à l'expédition de Milianah ; il fut blessé d'un coup de feu, au col de Mouzaïa, le 14 juin, et en récompense de ses nouveaux services, fut élevé, le 17 août, à la dignité de grand'croix de la Légion-d'Honneur.

Dans le mois d'octobre suivant, il prit de nouveau le commandement supérieur de la province d'Alger, pendant l'absence du corps expéditionnaire.

Le 19 janvier 1841, l'armée étant sans général en chef, et l'Algérie sans gouverneur général, par le rappel du maréchal Vallée, ces doubles fonctions furent exercées de fait par le général Schramm, jusqu'au mois de mars suivant, époque de l'entrée en fonctions du général Bugeaud, qui avait été nommé gouverneur général en remplacement du maréchal Vallée, rappelé sur sa demande.

Dans ce court espace de temps, il exécuta et fit exécuter plusieurs expéditions importantes et décisives ; et l'Algérie s'est ressentie de la bonne, sage et prévoyante administration du général Schramm, qui emporta, à son retour en France, les regrets de l'armée, ceux des fonctionnaires et des colons.

Depuis 1830, le général Schramm ajoute aux fonctions difficiles du commandement, soit à l'armée, soit dans les divisions territoriales, des services importants dans l'administration : comme inspecteur général d'infanterie, en 1830, 1832, 1833, de 1837 à 1839, et de 1841 jusqu'à ce jour ; comme membre du comité de l'infanterie et de la cavalerie en 1834 ; comme directeur général du personnel et des opérations militaires, au ministère de la guerre, de 1834 à 1837 ; comme membre du comité de l'infanterie, depuis 1837 ; comme membre du comité d'état-major ; comme président de diverses commissions importantes, notamment de celle qui a préparé l'ordonnance du 10 mai 1844, sur l'administration des corps de troupes, etc., etc. ; enfin, comme ministre de la guerre en 1850.

Indépendamment des nombreux travaux dont le général était occupé pour l'inspection des troupes, l'organisation, l'administration et les services généraux du personnel de l'armée, il prenait encore part, comme conseiller d'État, aux séances du comité de la guerre et de la marine.

On le voyait, en outre, à la Chambre des députés, et, ensuite, à la Chambre des pairs, se livrer avec un zèle éclairé et soutenu à l'examen des projets de lois présentés par le gouvernement à chaque session législative.

En 1848, dès les premiers mois de la révolution, le général Schramm est nommé membre du comité de défense nationale.

Dans la même année, il est président de la commission de réorganisation du corps des officiers de santé militaires ; enfin, depuis 1847, il est président du comité de l'infanterie.

Le général Schramm porte dans toutes ses fonctions administratives, ainsi que dans les travaux de législation, les lumières qu'il a acquises dans son emploi presque permanent d'inspecteur général d'infanterie et des écoles militaires ; il y porte aussi le fruit de ses observations et de son expérience dans le commandement, l'organisation des troupes et l'administration militaire.

Cette longue et honorable carrière militaire et administrative, n'est heureusement pas à son terme ; le général Schramm est d'âge à rendre encore longtemps d'éminents services à la patrie et à l'armée, malgré les nombreuses blessures qu'il a reçues sur nos plus célèbres champs de bataille, soit en Europe, soit en Afrique, comme lieutenant, capitaine, chef de bataillon, colonel, général de brigade et général de division.

On connaît également son dévouement inébranlable à la dynastie impériale ; aussi depuis 1830 un haut témoignage de sympathie de la part de ses frères d'armes lui a-t-il conféré le titre de président de la Société des Officiers de la Garde impériale. Cette distinction honorable prouve qu'ils apprécient dignement son noble caractère et le culte qu'il a toujours gardé au fond du cœur pour la mémoire de l'homme qui a porté si haut le nom et la gloire de la France.

Enfin nous terminerons cette notice en faisant remarquer que les noms des généraux Schramm père et fils, sont inscrits sur l'arc-de-triomphe de l'Étoile, à côté de ceux dont la France s'enorgueillit à si juste titre.

PREMIÈRE PARTIE.

ÉCOLE DE BATAILLON.

L'ordonnance du 4 mars 1831 n'a indiqué que trois manières de déployer la colonne double. Nous pensons qu'on pourrait en pratiquer utilement deux autres que nous allons exposer pour combler une lacune. Nous voulons parler *du déploiement face en arrière* et de *la formation en avant* en bataille, lorsque la colonne double est à distance de peloton (sa distance normale et habituelle, parce que les mouvements doivent toujours se faire par peloton.)

Nota. Les pelotons, dans tout le cours de cet ouvrage, sont supposés de 20 files, soit 10 mètres pour l'étendue du front d'un peloton.

Les intervalles entre les bataillons sont de 16 mètres.

Les figures sont à l'échelle de 1 millimètre, ou 1/2 millimètre pour 1 mètre.

1° Déploiement de la colonne double à distance de peloton, face en arrière en bataille.

La colonne double à distance de peloton devant se former face en arrière en bataille, le chef de bataillon préviendra l'adjudant-major de placer trois jalonneurs devant et contre la 1re division, ou sur la ligne de bataille qu'il aura choisie, à trois ou quatre pas de distance de cette même division.

Ces dispositions étant prises, le chef de bataillon commandera :

1. *Face en arrière en bataille.*

2. *Bataillon* = à GAUCHE *et à* DROITE.

3. *Pas accéléré* = MARCHE.

Au premier commandement, le chef de la 1re division lui fera faire à droite, se conformera à ce qui est prescrit au n° 401 de l'École de bataillon, et se placera ensuite au 2e rang. Les chefs de peloton des trois dernières divisions se porteront devant le centre de leurs pelotons. Les chefs des pelotons de droite les préviendront qu'ils devront faire à gauche, les chefs des pelotons de gauche qu'ils devront faire à droite.

Au 2e commandement, les pelotons de droite feront à gauche ; les chefs de ces pelotons se porteront à la gauche de leur peloton, feront déboiter les trois files de gauche en avant ; le guide de gauche viendra se placer devant l'homme du 1er rang de la 1re file pour le conduire ; chaque chef de peloton se placera à côté de son guide, les pelotons de gauche feront à droite ; leurs chefs se conformeront à ce qui vient d'être dit ; ils se porteront à la droite de leur peloton et feront déboiter les trois files de droite en arrière pour être conduites par le sous-officier de remplacement. Les guides de droite pour les trois pelotons de droite, les guides de gauche pour les trois pelotons de gauche, se détacheront vivement pour aller jalonner la ligne ; ils s'y placeront comme il a été prescrit pour les formations successives, et indiqueront ainsi aux chefs de peloton le point où ils devront traverser la ligne de bataille, la dépasser de trois pas, et converser ensuite par file à droite ou à gauche, de manière à diriger leurs pelotons parallèlement à cette ligne.

L'adjudant-major assurera les guides du demi-bataillon de droite sur la ligne de bataille, et l'adjudant sous-officier ceux du demi-bataillon de gauche.

Au commandement *Marche,* les pelotons se mettront en mouvement en se conformant à ce qui vient d'être prescrit, et se laisseront mutuellement à gauche; les trois pelotons de droite seront alignés à gauche, et les trois pelotons de gauche seront alignés à droite.

La formation étant achevée, le chef de bataillon commandera :

Guides = *à* VOS PLACES.

A ce commandement, les chefs des quatre premiers pelotons reprendront leurs places ainsi que les guides.

OBSERVATIONS.

Si, avant de déployer en colonne double, on fait le commandement *pour former le carré,* la quatrième division serre à distance de masse et marche constamment dans cet ordre. Cela ne nuit en rien à la formation face en arrière en bataille, car il n'y a rien de plus élastique qu'un petit nombre de pelotons qui se croisent; on pourrait même, à la rigueur, déployer la colonne double *serrée en masse* face en arrière en bataille, sans qu'il puisse en résulter la moindre confusion. L'essai qui en a été fait plusieurs fois n'a rien laissé à désirer.

Fig. 1.

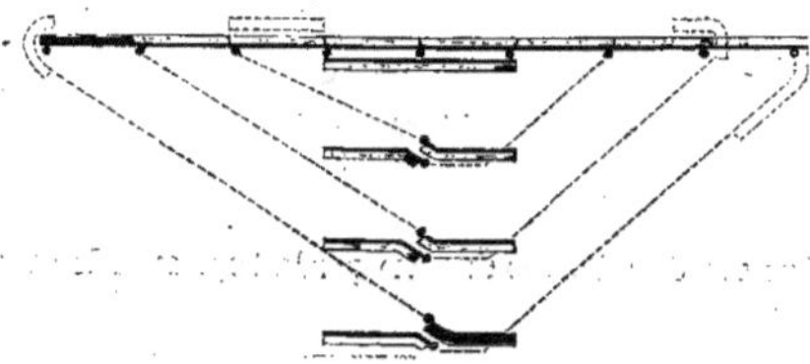

2° Former la colonne double à distance de peloton, en avant en bataille.

La colonne double à distance de peloton devant se former en avant en bataille, le chef de bataillon préviendra l'adjudant-major de placer trois jalonneurs à distance de peloton, devant le front de la 1re division, puis il commandera :

> 1. *En avant en bataille.*
> 2. *Par peloton, demi à droite et demi à gauche.*
> 3. *Pas accéléré* = MARCHE.
> 4. *En avant.*
> 5. MARCHE.
> 6. *Guide à gauche et à droite.*

Au 1er commandement, le chef de la 1re division la portera en avant et l'établira contre les jalonneurs, conformément aux principes prescrits à l'École de Bataillon n° 383.

Aux 3e, 4e, 5e commandements, les trois pelotons de gauche et les trois pelotons de droite se conformeront à ce qui est prescrit aux n°s 384 et suivants de l'École de Bataillon.

La formation étant achevée, le chef de bataillon commandera :

Guides = à VOS PLACES.

Fig. 2.

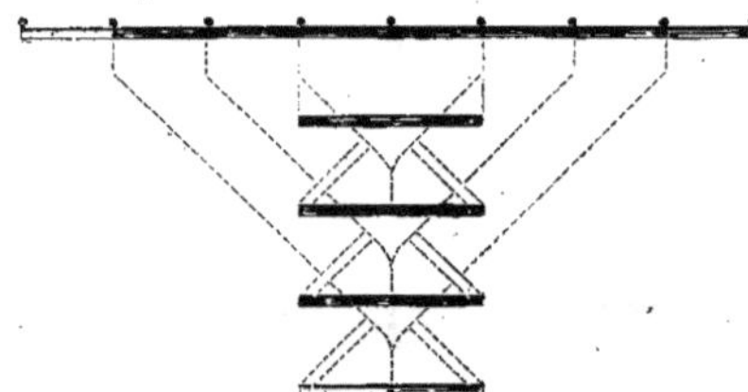

3° Déployer la colonne double sur un peloton quelconque (le **3°**, par exemple).

Nous ferons remarquer encore, relativement à la colonne double, qu'elle se prête facilement au déploiement sur un peloton quelconque, et que si le terrain ne permettait pas de déployer sur le centre, sous peine de mettre un peloton en arrière en colonne, le premier peloton, par exemple, cette situation ne devrait pas embarrasser; il n'y aurait qu'à déployer sur le 3e peloton.

Dans un tel déploiement, les deux pelotons du centre marchent toujours réunis ; les autres exécutent isolément leurs mouvements.

Fig. 3.

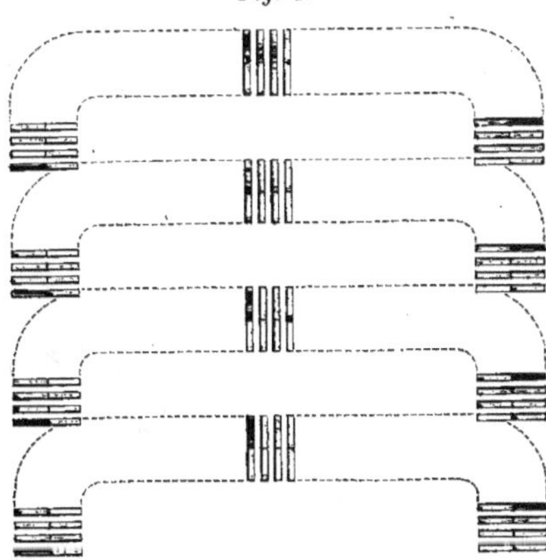

DEUXIÈME PARTIE.

ÉVOLUTIONS DE LIGNE.

N° 1. **Faire passer une ligne de bataillons en masse de l'ordre en colonne à l'ordre en bataille sans arrêter, et réciproquement.**

L'ordonnance indique bien les différentes manières dont une colonne de bataillons en masse peut être déployée, *en avant, en arrière, à gauche et à droite,* mais elle ne dit pas qu'une telle colonne peut, tout en marchant, passer facilement à l'ordre en bataille, et réciproquement, étant en bataille, revenir à l'ordre en colonne sans s'arrêter.

Pour cela, il suffit de faire prendre entre les bataillons en colonne distance de division, plus 6 pas, et commander *mouvement par bataillon* et *changement de direction* (à *droite* ou à *gauche*), après avoir fait prendre le guide du côté opposé à celui vers lequel on veut converser.

Lorsqu'on passe ainsi de l'ordre en colonne à l'ordre en bataille, on commande *tel bataillon de direction,* au moment où les conversions sont près d'être achevées, et on choisit habituellement pour bataillon de direction celui qui est le plus en arrière ; alors les autres ralentissent pour l'attendre.

Fig. 4.

3.

N° 2. Une colonne de quatre bataillons par division en masse, marchant à distance de déploiement (front d'une division plus 6 pas), peut se former sur la droite (ou sur la gauche), en avant ou par inversion en avant en bataille.

Dans le premier mouvement (*Fig.* 5), le premier bataillon, après avoir conversé à droite et marché 16 mètres (24 pas) au moins, s'arrêtera sur la ligne de bataille tracée d'avance par le général en chef.

Les bataillons suivants marcheront droit devant eux et ne tourneront, par la conversion, que quand ils seront arrivés à 10 mètres de leur intervalle de bataillon, c'est-à-dire à 6 mètres au-delà de la gauche du bataillon qui les précède.

Si la colonne avait la gauche en tête, elle se formerait sur la gauche en bataille d'après les mêmes principes.

Fig. 5.

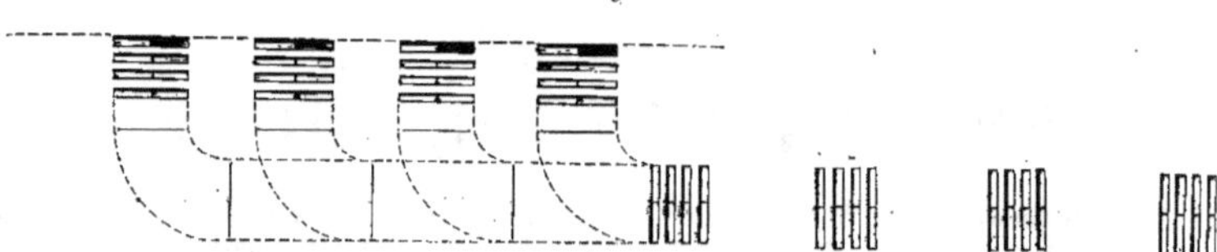

Dans le deuxième mouvement (*Fig.* 6), le bataillon de la tête se portera à 24 mètres (36 pas) et s'arrêtera sur la nouvelle ligne de bataille.

Les bataillons suivants exécuteront une partie de conversion simultanée à gauche, pour se porter diagonalement à hauteur de leur place de bataille. Le 2e bataillon fera presque la conversion entière et commencera, sans marcher en avant, une seconde conversion à droite pour arriver à son intervalle du premier bataillon. Les 3e et 4e bataillons feront une demi-conversion seulement et se porteront en avant jusqu'à ce que le guide de droite de leur première division soit arrivé à la hauteur d'un point situé à 5 mètres à droite de celui où doit appuyer ce guide dans la formation. Les bataillons exécuteront alors successivement une demi-conversion à droite et arriveront sur la ligne de bataille.

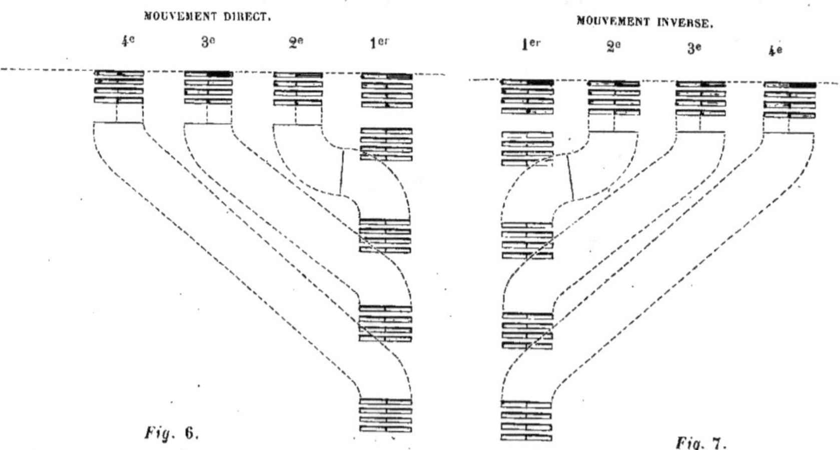

Fig. 6.

Fig. 7.

Le troisième mouvement (*Fig.* 7) s'exécutera d'après les mêmes principes et par les moyens inverses. Les commandements sont les mêmes que ceux prescrits par l'ordonnance pour les formations analogues des colonnes à distance entière.

Nota. Toutes les conversions entières des bataillons en masse commenceront à 10 mètres ou plutôt à distance de peloton d'une perpendiculaire à la ligne de bataille élevée en arrière du point où ils doivent appuyer leur pivot, parce que toutes les conversions se font en marchant, et que le guide du côté vers lequel on converse doit faire le pas de 22 centimètres, c'est-à-dire du tiers du pas ordinaire et parcourir un cercle dont le rayon soit le tiers de celui que décrit l'aile marchante. Cette condition est absolue et détermine le point où chaque conversion doit commencer. Pour les demi-conversions ce point doit être naturellement plus rapproché de celui d'arrivée.

N° 3. Faire marcher en échelons une ligne de bataillons ployés en colonnes doubles, et reformer la ligne face à gauche sur une direction perpendiculaire à la droite de l'ancienne ligne.

L'ordonnance sur l'exercice et les manœuvres à l'article de l'*ordre en échelons*, dit seulement : que si le commandant en chef le juge convenable, il pourra ployer les bataillons en colonnes par division en arrière de la première ou de la quatrième, et les mettre en marche avec intervalles de déploiement comme dans une ligne pleine; mais elle garde le silence sur la possibilité de ployer ces mêmes bataillons en colonnes doubles. Cela provient sans doute de ce que la commission n'avait pas prévu que la colonne double pouvait être formée *face en arrière en bataille*, et que, faute de ce mouvement, le commandant en chef ne pourrait pas reformer la ligne dans toutes les positions ou directions que les accidents du terrain ou la présence de l'ennemi exigeraient.

La manière de former une colonne double face en arrière en bataille ayant été indiquée, nous allons en faire l'application dans les évolutions de ligne, et nous choisirons l'ordre en échelons.

La distance entre les échelons par bataillons ployés en colonne double, sera égale à l'étendue du front d'un bataillon, plus un intervalle; c'est-à-dire de 140 à 150 pas pour des bataillons de 8 pelotons de 20 files chacun.

Et comme les échelons seront mis en marche avec des intervalles de déploiement, quel que soit le mouvement par bataillon qu'on puisse leur faire exécuter dans les changements de direction à droite ou à gauche en marchant, ils se trouveront toujours à distance de déploiement en arrivant sur la ligne de bataille.

Une ligne de quatre ou de plusieurs bataillons ployés en colonnes doubles, ayant été échelonnée avec intervalles de déploiement, et les échelons formés à 150 pas de distance, si l'intention du commandant en chef était de reformer la ligne face à gauche, et perpendiculairement à l'extrémité de l'aile gauche de l'ancienne ligne, il n'aurait qu'à faire exécuter un changement de direction à gauche à chaque bataillon; les échelons seraient ensuite arrêtés au fur et à mesure qu'ils arriveraient sur la ligne de bataille AB, et, en déployant les colonnes double face en avant, la ligne serait reformée.

Si au contraire la position CD perpendiculaire à l'extrémité de l'aile droite était préférable, et que le commandant en chef fût dans la nécessité de reformer la ligne face à gauche, il commanderait :

> 1. *Mouvement par bataillon.*
>
> 2. *Changement de direction à droite.*
>
> 3. Marche.

Après les deux premiers commandements vivement répétés, chaque chef de bataillon ferait prendre le guide à gauche à son bataillon, et commanderait : *Bataillon à droite conversion.* Au commandement : *Marche,* immédiatement répété, les bataillons changeraient de direction à droite, d'après les principes prescrits.

Le changement de direction étant achevé, le commandant en chef ordonnerait au commandant du 1er échelon de l'arrêter, de placer deux jalonneurs sur la direction de la nouvelle ligne, et de déployer la colonne double *face en arrière en bataille.*

Les échelons suivants continueraient à marcher, et lorsqu'ils seraient arrivés à 4 pas de la ligne de bataille, leurs chefs respectifs les arrêteraient et les établiraient sur la ligne de la même manière que l'échelon précédent.

OBSERVATIONS.

En reformant la ligne face à gauche, et perpendiculairement à l'extrémité de l'aile gauche de l'ancienne ligne, les échelons prendaient le guide à gauche dès que leur changement de direction serait achevé, vu que le 4e bataillon deviendrait pour eux bataillon de direction. Ce serait l'inverse pour le mouvement du côté opposé, la direction se prendrait sur le 1er bataillon.

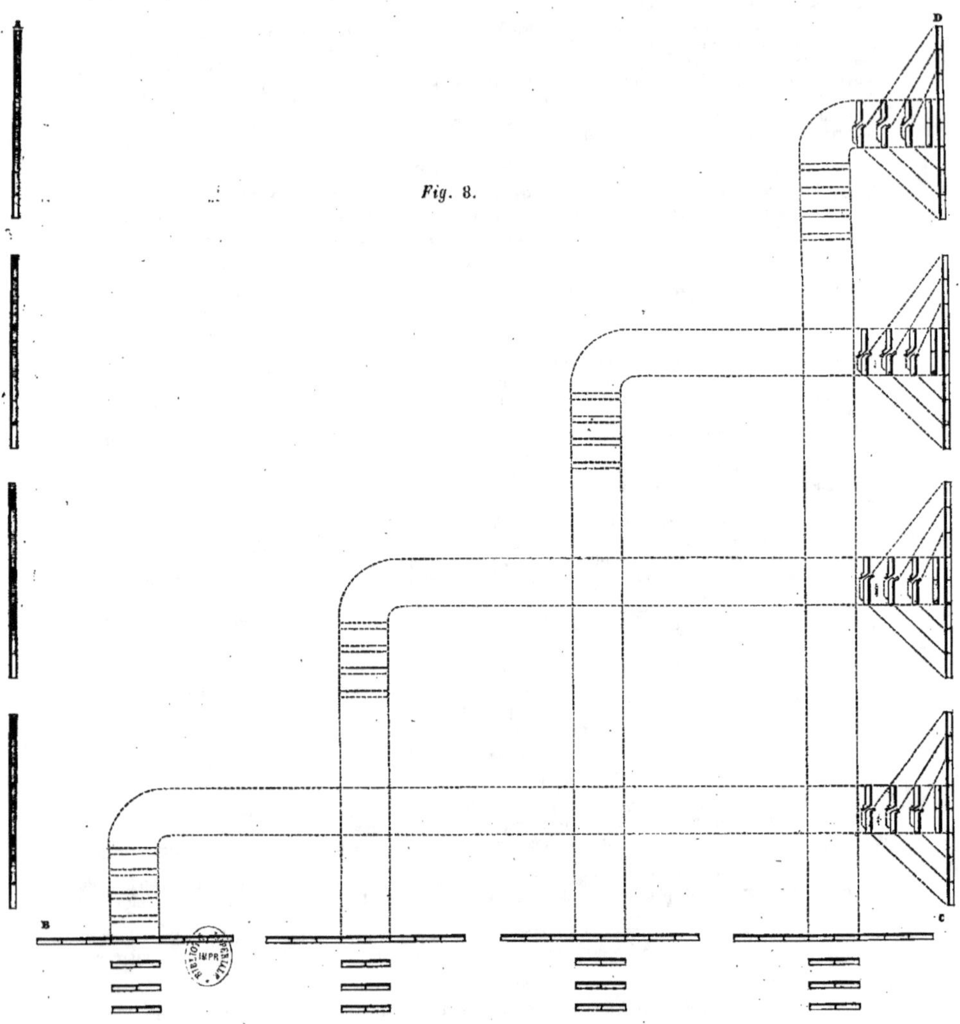

Fig. 8.

Nᵒ 4. Changement de front avec les colonnes doubles formées en marchant.

Une ligne de quatre bataillons ou plus, peut exécuter un changement de front sur un des bataillons du centre ou en avant sur une aile, avec plus de rapidité que par les moyens indiqués dans l'ordonnance, en procédant de la manière suivante :

On fera porter, par la marche en bataille, tous les bataillons de l'aile marchante en avant, au pas ordinaire. On commandera aussitôt après :.

1. *Mouvement par bataillon.*
2. *Colonne double.*
3. *Pas accéléré.*
4. MARCHE.

La colonne se formera comme si les trois pelotons de droite et les trois pelotons de gauche rencontraient un obstacle ; chaque division prendra le pas ordinaire dès qu'elle aura sa distance.

La dernière division étant formée, le chef de bataillon commandera :

1. *Pas accéléré.*
2. MARCHE.
3 *Guide à gauche* (ou *à droite*).

La colonne sera dirigée diagonalement en arrière du point que doit occuper le centre du bataillon sur la nouvelle ligne de bataille, et déployée par l'un des moyens applicables à la colonne double.

Par ce mouvement très-simple et très-régulier, on éviterait la perte de temps que nécessite toujours la formation de la colonne double de pied ferme, qui, outre le désavantage d'une opération lente et ridicule, puisque, pour se porter en avant, on commence par rétrograder, expose trop longtemps le bataillon de base aux entreprises de l'ennemi

Fig. 9.

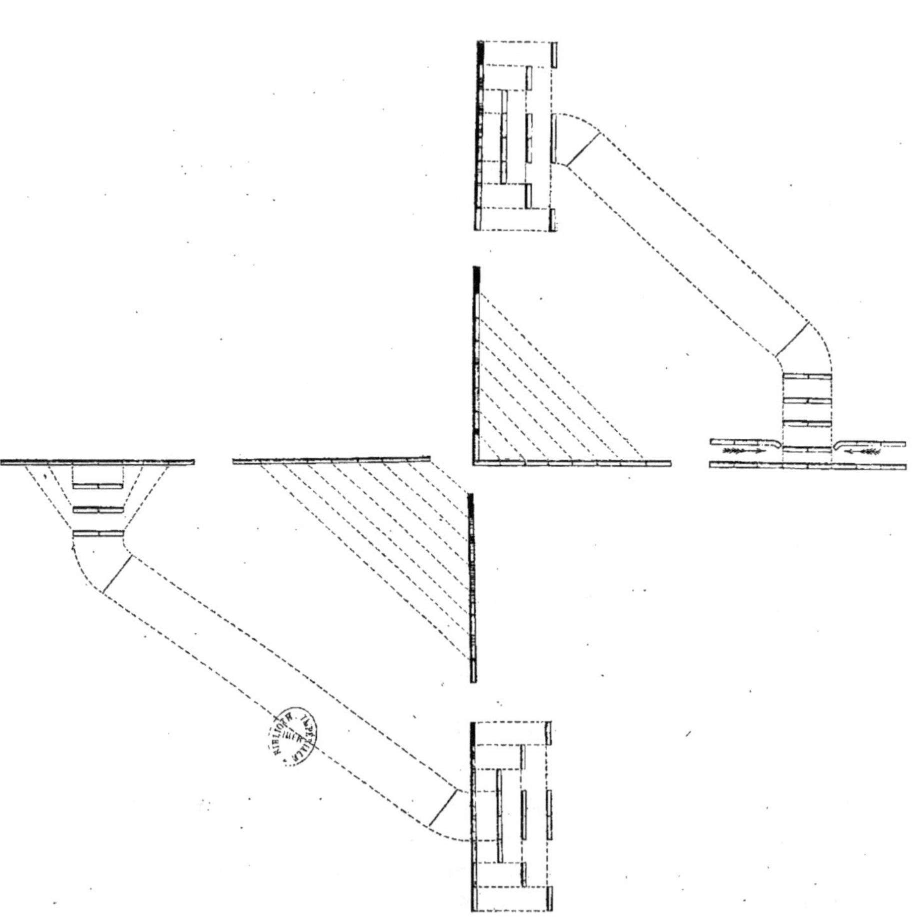

N° 5. Changement de face sur l'emplacement de la ligne.

Une ligne de plusieurs bataillons étant déployée sur un terrain étroit qui ne permet pas de faire de grands mouvements en tous sens, et devant faire un changement de face, le commandant en chef déterminera d'abord le point central sur lequel il voudra faire exécuter le mouvement, en prenant pour base les ailes de deux bataillons contigus. Il fera prévenir la portion de la ligne qui se trouve à la gauche de ce point qu'elle devra faire face par le 3e rang, et qu'elle devra rompre dans cet ordre, comme si elle faisait face par le 1er rang.

Il fera placer par l'adjudant-major du 2e bataillon deux jalonneurs devant le 1er peloton du 3e bataillon, et, par l'adjudant-major du 3e bataillon, deux jalonneurs devant le dernier peloton du 2e bataillon. Ces deux derniers jalonneurs seront assez distants l'un de l'autre pour que la subdivision qui doit venir se placer sur cette base d'alignement puisse traverser entre eux.

Ces dispositions étant faites, le commandant en chef commandera :

1. *Changement de face sur l'emplacement de la ligne.*
2. *Par peloton* (ou *section*) *à gauche.*
3. *Pas accéléré* = **Marche.**

Le premier commandement ayant été répété, les bataillons placés à la droite du point central se porteront 12 pas en avant sans faire sortir les drapeaux ; les bataillons de gauche feront face par le 3e rang ; les uns et les autres aux commandements de leurs chefs respectifs.

Les 2e et 3e commandements ayant été vivement répétés, la ligne rompra d'après les principes prescrits.

Le commandant en chef commandera ensuite :

1. *Colonnes en avant.*
2. *Pas accéléré* = **Marche.**

A ces commandements, les chefs de bataillon se conformeront aux principes prescrits, prenant le guide à droite.

Les bataillons têtes de colonnes ayant marché 12 pas, le commandant en chef commandera :

Sur la gauche en bataille.

Chaque colonne partielle se formera sur la gauche en bataille, d'après les principes prescrits, le peloton de tête s'établissant contre les jalonneurs placés à l'avance.

Les pelotons qui font face par le 3e rang, à mesure qu'ils arriveront sur la ligne de bataille, devront la traverser, et après l'avoir traversée, ils s'arrèteront, se remettront face en tète et s'aligneront à droite.

Ce mouvement s'exécuterait aussi bien en faisant faire face par le 3e rang aux bataillons de droite et en portant en avant les bataillons de gauche, mais on romperait alors par *pelotons à droite.*

Ce mouvement s'exécutera avantageusement dans les évolutions, lorsqu'on voudra changer la direction ou la position des deux lignes subordonnées. Le changement de face étant opéré simultanément dans les deux lignes, celle qui était première deviendra seconde, mais l'ordre des bataillons correspondants ne sera pas interverti.

OBSERVATIONS.

On ne porte les bataillons de droite en avant que pour faciliter le mouvement des bataillons de gauche, ceux-ci ayant à traverser la ligne de bataille en se formant sur la gauche en bataille.

Fig. 10.

N. 6. Passage du défilé en avant et formation de la ligne face au défilé.

L'ordonnance n'indique que trois manières de reformer la ligne de bataille après avoir passé le défilé en avant. Il nous a paru utile, le cas échéant, de pouvoir disposer d'une quatrième manière pour faire face au défilé, sans avoir recours au demi-tour individuel.

Une ligne de quatre bataillons ayant exécuté le passage du défilé en avant par la droite du 3e bataillon, et le défilé étant assez large pour donner passage à une division de front, les pelotons qui se sont trouvés en tête ont appuyé l'un vers l'autre et se sont réunis pour passer le défilé.

Si le commandant en chef veut reformer la ligne face au défilé, il se portera d'avance à la hauteur où il voudra l'établir, et placera sur cette ligne deux jalonneurs devant l'emplacement où devra se porter la tête de chacune des deux colonnes, en laissant 24 pas d'intervalle entre elles.

Les jalonneurs seront placés de manière qu'il y ait entre eux et la sortie du défilé un peu plus que distance nécessaire pour contenir les colonnes serrées à distance de peloton.

A mesure que les deux colonnes sortent du défilé, chaque chef de division fait former sa division de la manière indiquée n° 660 des *Évolutions de ligne*.

Chaque tête de colonne se portera ensuite diagonalement sur la direction des jalonneurs établis ; les divisions suivantes se conformeront à la direction de celles de la tête. La colonne de droite conservera le guide à gauche, et celle de gauche le guide à droite. Lorsque ces deux colonnes seront arrivées à distance de peloton des jalonneurs, le commandant en chef les fera serrer à distance de peloton.

Les colonnes étant ainsi disposées, le commandant en chef commandera :

1. *Sur le centre face en arrière en bataille, déployez les masses.*
2. *Pas accéléré =* MARCHE.

Après le 1er commandement vivement répété, les chefs de bataillon commanderont : *Bataillon = à gauche* pour les bataillons de droite, et *bataillon = à droite* pour les bataillons de gauche ; les chefs de division des bataillons de droite se porteront à côté de leurs guides de gauche ; les chefs de division des bataillons de gauche se porteront à côté de leurs guides de droite,

Au commandement *Marche* vivement répété, les bataillons se mettront en marche par le flanc ; les divisions, allant à la rencontre l'une de l'autre, se laisseront mutuellement à gauche.

Aussitôt que les 2e et 3e bataillons, après s'être dépassés en se croisant, se trouveront vis-à-vis les jalonneurs établis d'avance, ils seront remis face en avant et formés simultanément *face en arrière en bataille ;* les 1er et 4e bataillons, après s'être dépassés en se croisant, se dirigeront parallèlement à la nouvelle ligne ; le 1er bataillon aura pris le guide à droite, et le 4e bataillon aura pris le guide à gauche. Lorsqu'ils seront parvenus aux points B et D marqués par les adjudants sous-officiers, leurs chefs respectifs commanderont :

4

1er BATAILLON.	4e BATAILLON.
1. *Bataillon par le flanc droit* = MARCHE.	1. *Bataillon par le flanc gauche* = MARCHE.
2. *Guide à droite.*	2. *Guide à gauche.*
3. *Colonne* = HALTE.	3. *Colonne.* = HALTE.
4. *Face en arrière en bataille.*	4. *Face en arrière en bataille.*
5. *Bataillon guide à gauche.*	5. *Bataillon guide à droite.*
6. *Pas accéléré* = MARCHE.	6. *Pas accéléré.* = MARCHE.

OBSERVATIONS.

Si la ligne avait plus de 4 bataillons, les derniers bataillons passés se conformeront à ce qui vient d'être prescrit pour les 1er et 4e.

Si le commandant en chef juge à propos de faire commencer le feu pendant que le mouvement s'exécute, il en donnera l'ordre, et au fur et à mesure que les pelotons déjà établis sur la ligne seront démasqués, leurs chefs leur feront exécuter le feu de deux rangs.

Fig. 11.

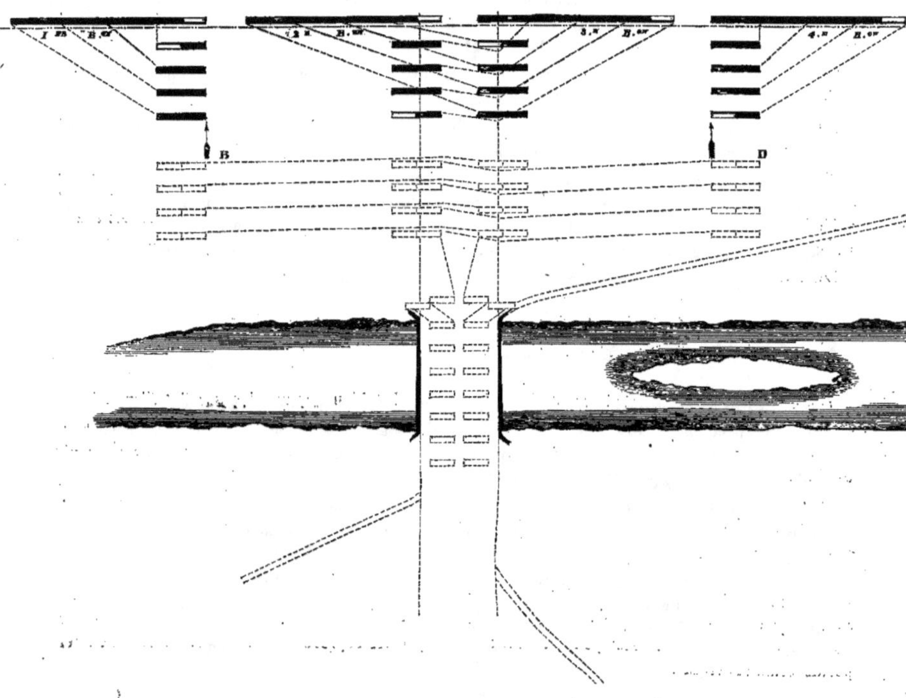

N. 7. Former la colonne double de régiment et de brigade et la déployer.

Il peut être avantageux, pour porter une ligne en avant ou en retraite, de la former en colonne double, susceptible d'être déployée sous la protection du feu de la division qui marche en tête.

Lorsque le nombre des bataillons est pair, la disposition est analogue à celle que l'on prend pour passer un défilé, avec cette différence, que le plus ancien capitaine des pelotons réunis prend le commandement de la division.

La colonne double de régiment peut être formée de pied ferme ou en avançant.

Dans le premier cas on commandera :

1. *Colonne double à distance de peloton.*
2. *Sur le centre en arrière en colonne.*
3. *Pas accéléré.*
4. MARCHE.

Fig. 12.

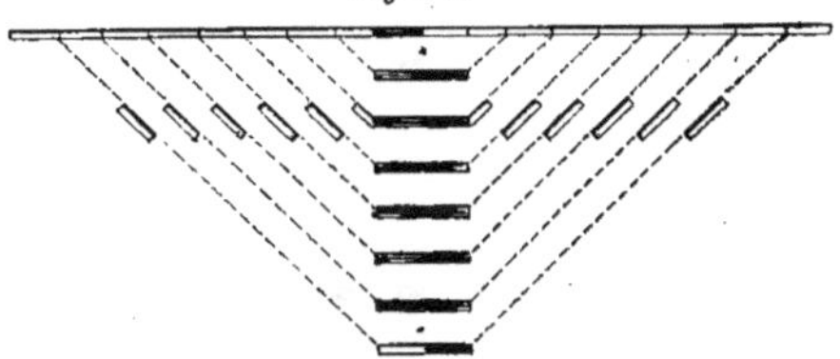

Au deuxième commandement les bataillons de droite feront à gauche, ceux de gauche feront à droite, les deux compagnies d'élite placées au centre se réuniront, feront face en tête, et les autres déboiteront en arrière.

Au quatrième commandement le mouvement s'exécutera comme il est prescrit à l'École de bataillon.

Fig. 13. — Ligne de 4 bataillons.

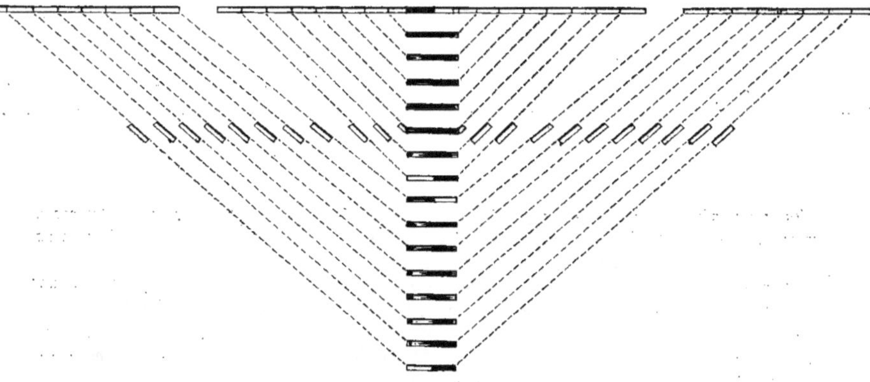

Dans le second cas on commandera :

1. *Colonne double en avant à distance de peloton.*
2. *Pas accéléré.*
3. MARCHE.

Au premier commandement les chefs de peloton des bataillons de droite les préviendront qu'ils doivent converser à gauche, ceux des bataillons de gauche qu'ils doivent converser à droite.

Au troisième commandement les pelotons exécuteront leur conversion.

Les 8e et 1er pelotons des bataillons du centre, ayant achevé les trois quarts de leur mouvement, exécuteront une nouvelle conversion en sens contraire aux commandements de : *Tête de colonne à droite*, et : *Tête de colonne à gauche* faits par les chefs de bataillon. Les autres pelotons feront la conversion entière et suivront le mouvement.

Fig. 14.

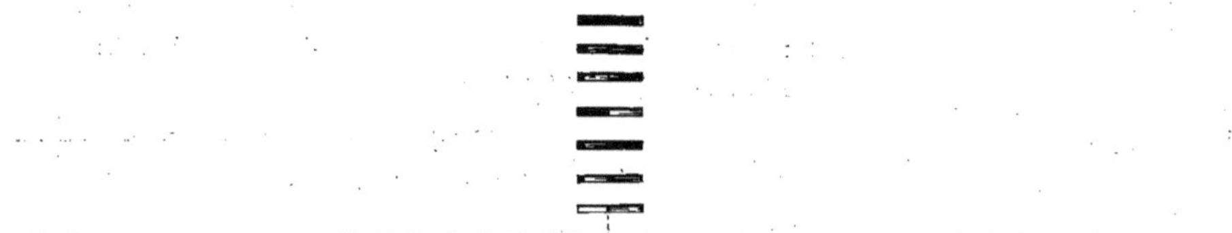

Les premiers bataillons de droite et les derniers bataillons de gauche ayant rompu par peloton seront portés en avant, vers le centre de la ligne, sans s'arrêter, et entreront dans la colonne par un changement de direction semblable à celui des bataillons du centre.

Les pelotons formant la tête de la colonne devront raccourcir légèrement le pas, pour permettre aux bataillons suivants de regagner la différence entre l'intervalle des bataillons et le front des pelotons.

Dans la colonne double, ainsi formée, les bataillons de droite sont en colonne avec distance par peloton, la gauche en tête, et ceux de gauche en colonne semblable la droite en tête. Les bataillons ne conservent pas entre eux d'autre distance que celle de peloton.

Lorsque le nombre des bataillons sera impair, la formation de la colonne double aura lieu par les commandements indiqués plus haut ; le bataillon du centre se ploiera, soit de pied ferme, soit en marchant comme il a été expliqué ; les autres suivront le mouvement par le flanc et obliquement en arrière, ou en colonnes qui se porteront vers le centre, sans s'arrêter à la fin de la conversion. Ces colonnes se réuniront en changeant de direction et regagneront leur simple distance de peloton, au moyen d'un raccourcissement du pas, à la tête et d'une disposition contraire des subdivisions suivantes.

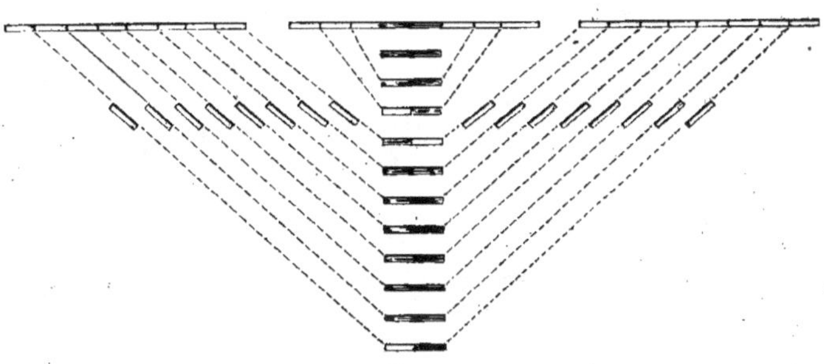

Fig. 15.
Formation de pied ferme.

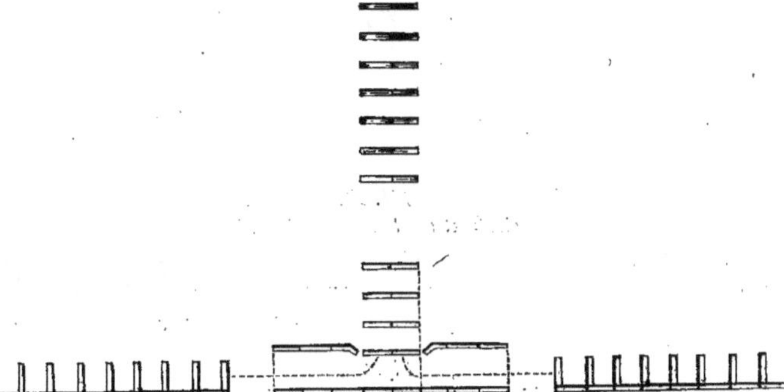

Fig. 16.
Formation en marchant.

La colonne double de régiment peut être formée en carré par un mouvement à droite et à gauche en bataille, et le carré peut à son tour être rompu sur ses quatre faces, ainsi qu'il sera expliqué ci-après.

.La même colonne peut se déployer en avant, à droite et sur la droite, à gauche et sur la gauche, et enfin face en arrière en bataille, comme la colonne double d'un bataillon, au moyen des mêmes commande-ments et par des mouvements analogues, à l'exception, pour la dernière manœuvre, que la division de base ne fera la contre-marche que quand le nombre des bataillons sera impair, autrement tous les pelotons de la tête feront à droite et à gauche, afin de reprendre leur intervalle de bataillon.

Les autres bataillons auront le soin de regagner aussi leurs intervalles de 16 mètres (24 pas) en refor-mant la ligne de bataille.

Cette circonstance empêche que dans les mouvements en avant et face en arrière en bataille (fig. 17 et 20), les guides suivent des directions parallèles.

Elle oblige encore à porter les deux pelotons de la tête à une distance de division, si on se forme en avant en bataille, et à faire faire deux tiers de conversion aux pelotons des bataillons de droite et de gauche.

Fig. 17.
En avant en bataille.

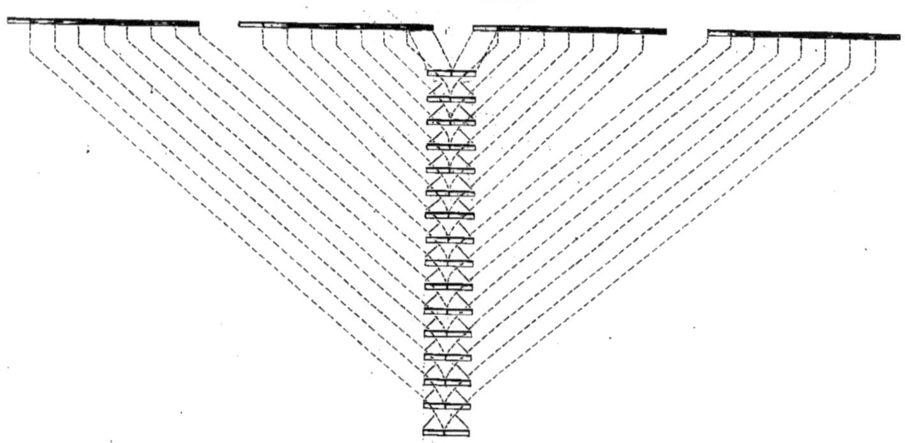

Fig. 18.
A droite et sur la droite en bataille.

Fig. 19.
A gauche et sur la gauche en bataille.

Fig. 20.

Face en arrière en bataille.

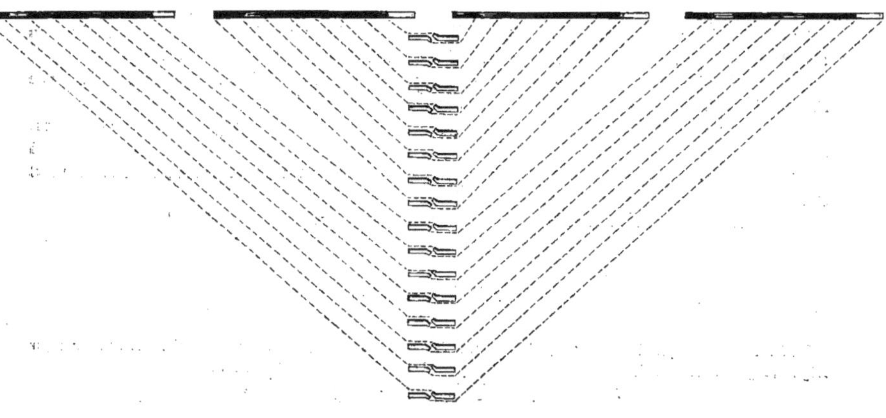

N. 8. Formation d'une ligne de 4 bataillons sur deux lignes.

Les dispositions ordinaires, pour mettre une colonne sur 2 lignes, sont toujours fort lentes, et rarement on arrive à les placer régulièrement l'une derrière l'autre.

En supposant quatre bataillons (formant deux régiments) déployés sur une seule ligne, on la rompra très-promptement en deux par un changement de front simultané en arrière sur le 8e peloton du 2e bataillon et sur le 4e peloton du 4e bataillon.

Ainsi, sans aucun autre mouvement, le centre des bataillons de la 2e ligne se trouvera vis-à-vis le milieu de l'intervalle des bataillons de la 1re ligne ; celle-ci déborde la 2e d'un demi-bataillon, ainsi que le recommande l'ordonnance.

Pour l'exécution, le commandant en chef fait prévenir les colonels de ce qu'ils ont à faire, et commande :

Mouvement par régiment.

Le commandement général ayant été répété, chaque colonel commande un changement de front en arrière, l'un sur le 8e peloton, l'autre sur le 4e peloton du 2e bataillon de son régiment.

Le chef du 4e bataillon, aussitôt après le commandement de son colonel, fait faire demi-tour à droite au demi-bataillon de droite avant de commander *par peloton demi-à droite.*

Lorsque les deux lignes seront établies et qu'on voudra former les carrés par régiment, on rompra, dans la première ligne, par division en arrière à droite, et on se ploiera dans la 2e ligne en colonne à demi-distance, la droite en tête, sur la 1re division du 4e bataillon, en se conformant du reste aux nos 928 et 929 des Évolutions de ligne.

Les 4mes divisions des 1er et 3e bataillons formeront les réserves.

OBSERVATIONS.

Conformément à l'esprit de l'ordonnance du 4 mars 1831, toutes les fois que des mouvements doivent s'exécuter par brigade, régiment ou bataillon, ces mouvements sont précédés du commandement général :
Mouvement par brigade, par régiment, par bataillon.

Fig. 21.

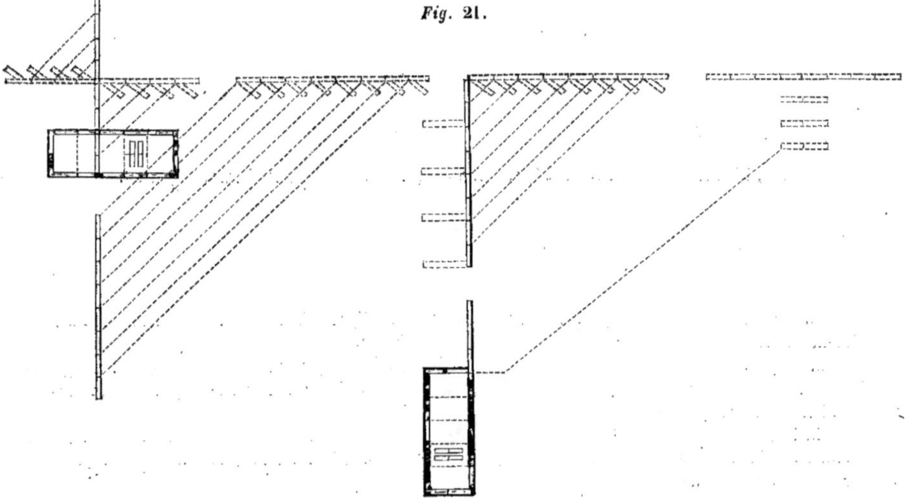

N⁰ 8 (Suite). Rompre les carrés et reformer les lignes face à droite.

Si les deux lignes sont en carrés, et qu'on veuille les reformer face à droite de la direction primitive des lignes, on rompra les carrés, et on serrera en masse sur la division de la tête de chaque régiment. Le 1ᵉʳ régiment déploiera sur la 4ᵉ division du 2ᵉ bataillon.

Le 2ᵉ régiment exécutera un changement de direction par le flanc gauche et déploiera sur la 2ᵉ division du 3ᵉ bataillon.

Fig. 22.

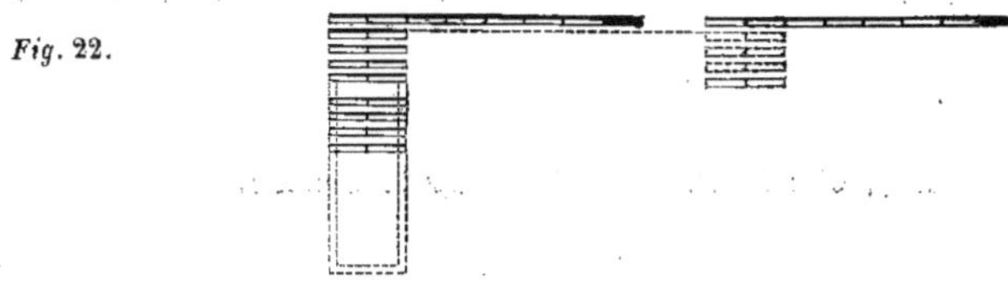

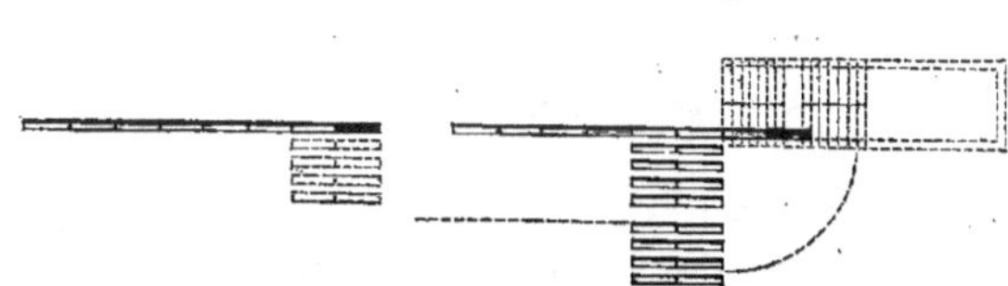

N⁰ 9 (Suite). Rompre les carrés et reformer les lignes face à gauche.

Si les deux lignes sont en carrés, et qu'on veuille les reformer face à gauche de la direction primitive de ces lignes, on rompra d'abord les carrés.

Le 1ᵉʳ régiment se formera face en arrière en bataille étant à demi-distance par division; le 2ᵉ bataillon, au lieu de déboiter par un mouvement de conversion, puisqu'il n'a pas la place nécessaire à cet effet, se portera par le flanc vis-à-vis la droite de la ligne sur laquelle il doit se former.

Le 2ᵉ régiment serrera en masse sur la division de la tête, changera de direction par le flanc droit, et déploiera sur la 3ᵉ division du 4ᵉ bataillon.

Fig. 23.

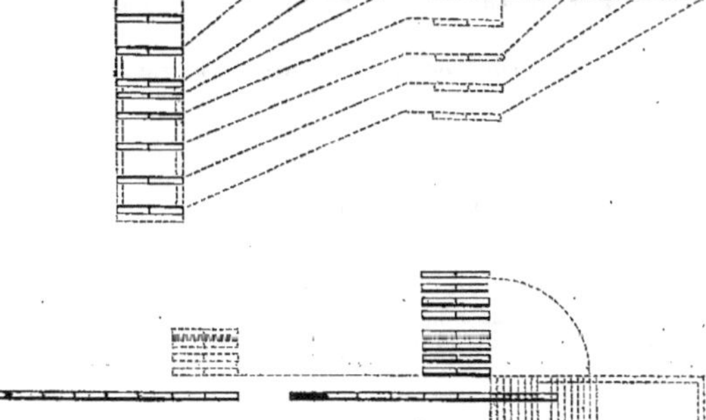

TROISIÈME PARTIE.

NOUVELLE THÉORIE DES CARRÉS.

N° 1. Carré de bataillon sur le centre.

Le chef de bataillon voulant former le carré sur le centre commandera :

> 1. *Sur le centre formez le carré.*
> 2. *Bataillon demi-tour* = à DROITE.
> 3. *Par peloton demi-à droite et à gauche.*
> 4. *Pas accéléré* = MARCHE.

Au 1er commandement, les chefs des 4e et 5e pelotons les préviendront de ne pas bouger, l'adjudant-major se portera à six pas devant le chef du 4e peloton, lui faisant face, et s'établira sur lui et le sous-officier de remplacement, bien perpendiculairement à la ligne de bataille, et lui faisant face ; l'adjudant sous-officier se placera de la même manière devant le chef du 6e peloton ; les guides généraux de droite et de gauche se porteront vivement à distance de division en arrière des sous-officiers de remplacement des 4e et 6e pelotons, regarderont en avant et seront assurés, le premier par l'adjudant-major, le second par l'adjudant, sur les directions que devront avoir les 2e et 3e faces du carré et aux extrémités de ces faces. Les tambours se placeront en arrière de la division du centre à un peu plus que distance de peloton de cette division.

Au 2e commandement tous les pelotons, à l'exception des 4e et 5e, feront face en arrière.

Au 3e commandement, les chefs des pelotons qui ont fait demi-tour à droite se placeront derrière le centre de ces pelotons et les préviendront qu'ils vont exécuter, ceux de droite un demi-à droite, ceux de gauche un demi-à gauche.

Au 4e commandement, les pelotons converseront ; lorsqu'ils auront assez conversé, le chef de bataillon commandera :

> 1. *En avant.*
> 2. MARCHE.
> 3. *Guide à droite et à gauche.*

Au commandement en avant, le chef du 3e peloton commandera : *Tournez à droite ;* celui du 6e commandera : *Tournez à gauche ;* ils répéteront le commandement MARCHE, laisseront leurs pelotons dépasser de trois pas la ligne sur laquelle ils doivent se former, les arrêteront, leur feront faire demi-tour, se porteront de leurs personnes contre les files extérieures de la 1re face et commanderont l'alignement sur eux.

Les 2e et 7e pelotons ayant suffisamment marché en avant, seront établis sur les 2e et 3e faces du carré par des moyens semblables à ceux qui viennent d'être appliqués.

Les 1er et 8e pelotons étant parvenus à hauteur des extrémités des 2e et 7e pelotons, tourneront deux fois de suite, l'un à gauche et l'autre à droite; ils seront arrêtés sur la ligne déterminée par les extrémités des 2e et 3e faces, leurs chefs leur feront faire demi-tour et les aligneront à gauche.

Le mouvement étant achevé, le chef de bataillon commandera :

Guides = *à vos* PLACES.

On se conformera alors à ce qui est prescrit n° 709 de l'École de bataillon.

Fig. 24.

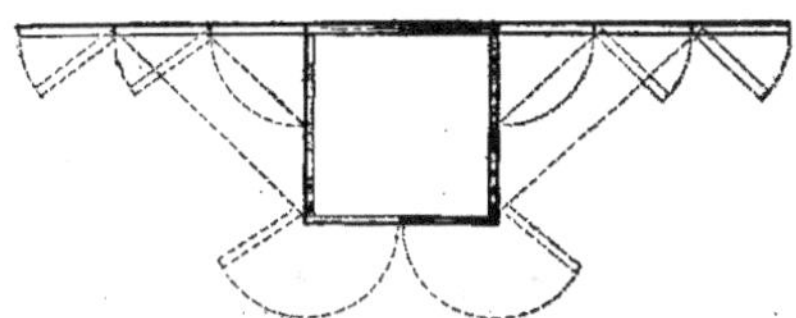

Nº 2. Rompre le carré.

Le chef de bataillon commandera :

1. *Rompez le carré.*
2. *Par peloton demi-à gauche et à droite.*
3. *Pas accéléré* = **Marche.**
4. *En avant.*
5. **Marche.**
6. *Guide à gauche et à droite.*

Au 1er commandement, les chefs des 4e et 5e pelotons les préviendront de ne pas bouger ; les chefs des 1er et 8e pelotons les feront converser de manière à les établir sur l'alignement des faces contiguës.

Au 2e commandement et aux commandements suivants, les trois pelotons de droite et les trois pelotons de gauche se conformeront à ce qui est prescrit à l'École de bataillon, pour la formation en avant en bataille.

Fig. 25.

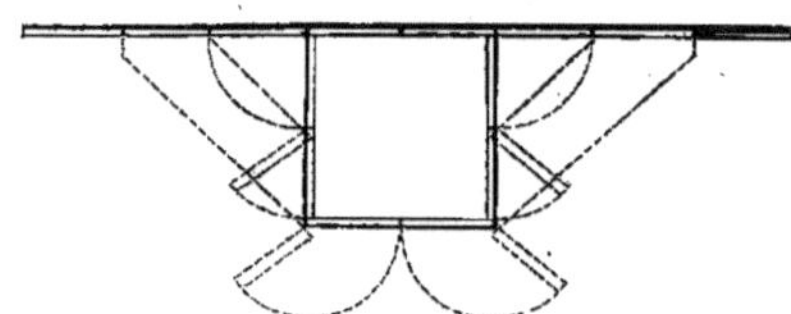

N° 3. Carré par régiment de deux bataillons.

Un régiment de deux bataillons en bataille devant former le carré, sans se mettre préalablement en colonne, le colonel commandera :

1. *Carré de régiment.*
2. *Sur le centre, formez le carré.*
3. *Pas accéléré* = **MARCHE.**

Au premier commandement, les adjudants-majors se porteront au centre de l'intervalle des deux bataillons, établiront un jalonneur à ce centre et sur la direction même de la ligne de bataille, puis se tourneront le dos, marcheront vers leur bataillon respectif et établiront chacun un jalonneur à intervalle de peloton, moins un pas, du jalonneur central ; les 3 jalonneurs seront correctement placés sur la ligne de bataille. A ce même commandement, le guide général de droite du bataillon de droite, et le guide général de gauche du bataillon de gauche, se porteront en arrière et seront établis par les adjudants-majors perpendiculairement à la ligne de bataille à distance de bataillon de cette ligne et sur l'alignement que devront avoir les 2ᵉ et 3ᵉ faces du carré.

Au 2ᵉ commandement, les chefs du 8ᵉ peloton du 1ᵉʳ bataillon et 1ᵉʳ peloton du 2ᵉ bataillon les feront marcher par le flanc à la rencontre l'un de l'autre et les établiront contre les 3 jalonneurs dont il a été question plus haut ; ces pelotons formeront la première face. En même temps les chefs de bataillon commanderont : *Bataillon demi-tour* = **A DROITE,** et : *par peloton demi-à droite,* dans le bataillon de droite, *par peloton demi-à gauche* dans le bataillon de gauche.

Au 3ᵉ commandement, le mouvement se terminera dans chaque bataillon, ainsi qu'il a été prescrit pour les pelotons extrêmes d'un bataillon isolé qui forme le carré sur le centre en bataille.

Fig. 26.

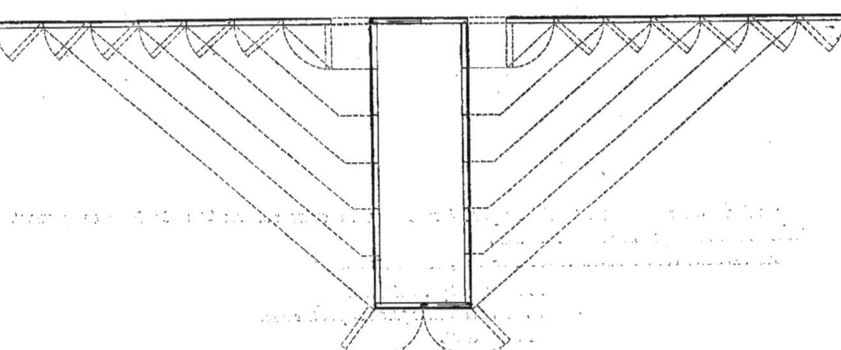

N° 4. Rompre un carré de deux bataillons formé comme il vient d'être dit.

Un régiment de deux bataillons déployés, ayant été formé en carré sur le centre, pour rompre le carré, le colonel commandera :

1. *Rompez le carré.*
2. *Pas accéléré* = Marche.

Au 1er commandement, les adjudants-majors se porteront en avant de la 1re face au moins à 20 pas ; ils établiront deux jalonneurs espacés entre eux de 24 pas, puis ils en placeront chacun un second sur la direction des premiers, et à un peu moins qu'intervalle de peloton de ceux-ci. Chacun des chefs de peloton de la 1re face, portant son peloton diagonalement en avant, l'établira promptement contre les jalonneurs placés par l'adjudant-major de son bataillon respectif ; les pelotons de la 4e face et ceux de réserve, s'il y en a, rentreront en ligne à leur place de bataille. Ces dispositions étant prises, le chef du bataillon de droite commandera : *Par peloton demi-à gauche* ; celui de gauche commandera : *Par peloton demi-à droite.*

Au 2e commandement, le mouvement se terminera comme il a été prescrit pour les pelotons extrêmes d'un bataillon isolé qui rompt le carré sur le centre.

Fig. 27.

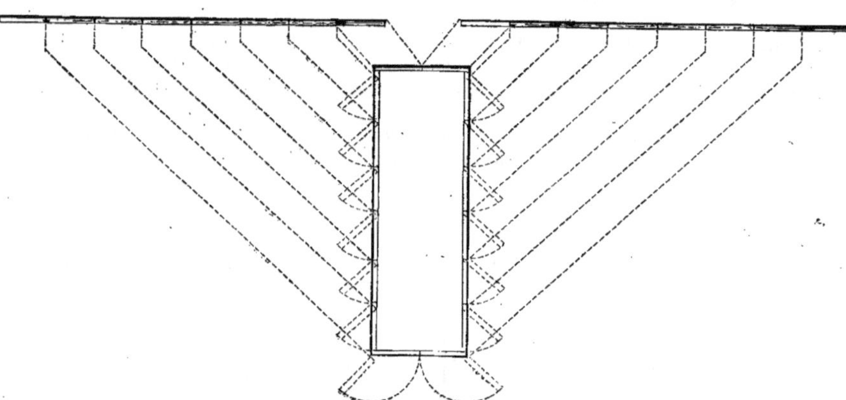

Le même carré de deux bataillons peut être rompu en outre sur ses 2e et 3e faces en prenant l'ordre naturel, et par inversion sur la 4e.

Pour exécuter cette manœuvre sur la 2e face, on commandera :

1. *Mouvement par bataillon.*
2. *Sur la deuxième face rompez le carré.*
3. *Pas accéléré.*
4. Marche.

Les 1er et 8e pelotons du 1er bataillon exécuteront une conversion ; ils s'aligneront à gauche et à droite sur les pelotons du centre, formant la 2e face du carré.

Le 1er peloton du 2e bataillon se portera en avant à distance de peloton. Les six pelotons du centre feront par peloton en arrière à droite, le 8e exécutera la contre-marche par le flanc droit. La colonne sera aussitôt après portée en avant, et se formera sur la droite en bataille, lorsqu'elle aura pris l'intervalle de 16 mètres.

Fig. 28.

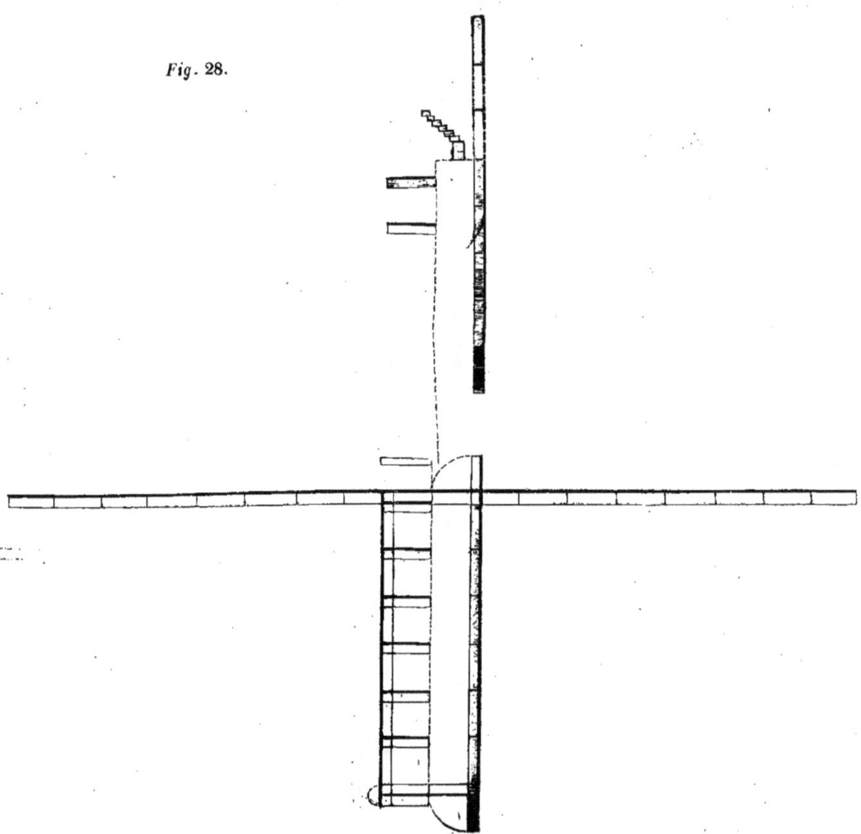

Pour rompre le carré sur la 3ᵉ face, on commandera :

1. *Mouvement par bataillon.*
2. *Sur la 3ᵉ face rompez le carré.*
3. *Pas accéléré.*
4. **Marche.**

Les 1ᵉʳ et 8ᵉ pelotons du 2ᵉ bataillon se formeront en bataille.

Le premier bataillon rompra en colonne d'après les principes énoncés plus haut et par des moyens inverses et se formera sur la gauche en bataille à son intervalle à droite du deuxième.

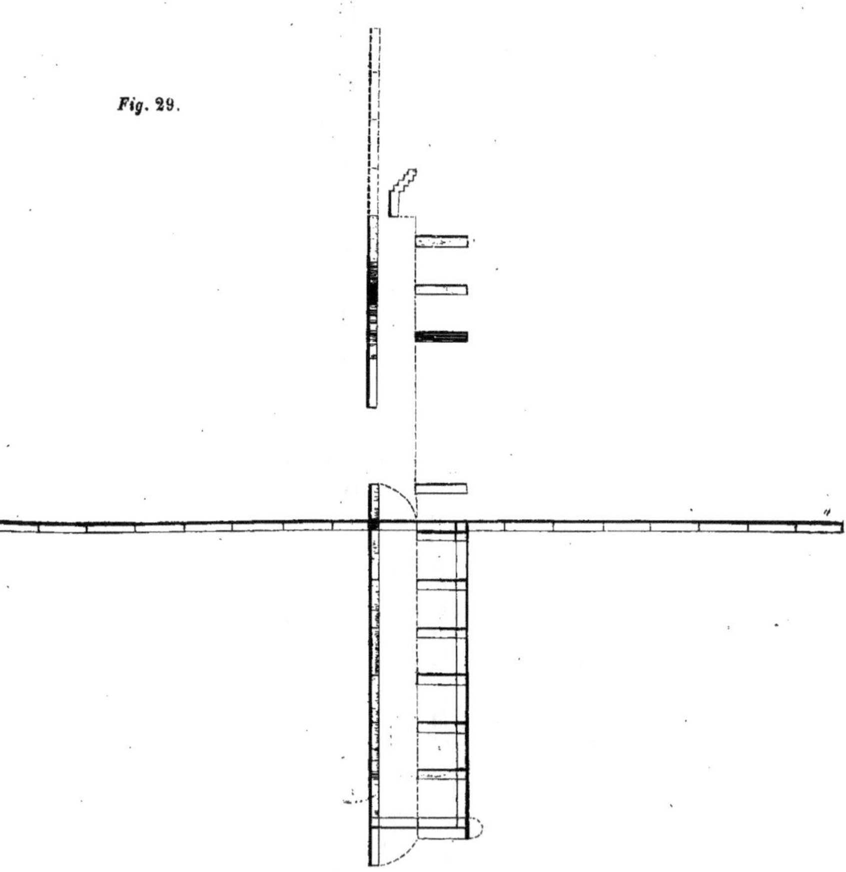

Fig. 29.

Enfin pour exécuter le quatrième mouvement on commandera :

1. *Sur la 4ᵉ face par inversion, rompez le carré.*
2. *Pas accéléré.*
3. **Marche.**

Le 1ᵉʳ peloton du 1ᵉʳ bataillon et le 8ᵉ peloton du 2ᵉ se porteront obliquement à 8 mètres en avant (12 pas) pour prendre l'intervalle de 16 mètres (24 pas).

Le 1ᵉʳ bataillon exécutera un changement de front en avant sur le 1ᵉʳ peloton et le 2ᵉ bataillon un mouvement semblable sur le 8ᵉ.

Les deux pelotons formant la 1ʳᵉ face exécuteront une conversion et demie, ce qui les mettra en arrière de 19 mètres sur les autres pelotons.

1ᵉʳ Bataillon.　　　　Fig. 30.　　　　2ᵉ Bataillon.

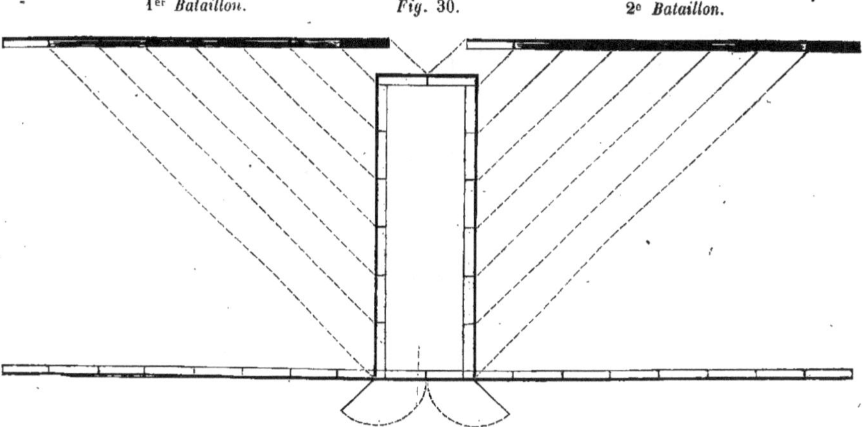

Nᵒ 5. Carré par régiment de 3 bataillons.

Le régiment ayant 3 bataillons en bataille, pour les former en un seul carré, sans se mettre en colonne, le colonel commandera :

1. *Carré de régiment.*
2. *Sur le centre du 2ᵉ bataillon, formez le carré.*
3. *Pas accéléré* = **Marche.**

6

Au 2ᵉ commandement, l'adjudant-major, l'adjudant et les guides généraux du 2ᵉ bataillon se conformeront à ce qui a été prescrit pour la formation du carré sur le centre, dans un bataillon isolé. Les adjudants-majors des bataillons extrêmes établiront, celui du bataillon de droite, le guide général de droite, et celui du bataillon de gauche, le guide général de gauche, aux points qui devront former les angles de la 4ᵉ face avec les 2ᵉ et 3ᵉ. A ce même commandement, les chefs de bataillon prendront leurs dispositions ou feront leurs commandements préparatoires, savoir : le chef de bataillon central comme s'il était seul, les chefs des bataillons extrêmes comme s'il s'agissait d'un carré de deux bataillons, à l'exception que le 8ᵉ peloton du bataillon de droite et le 1ᵉʳ peloton du bataillon de gauche suivront le mouvement général de leur bataillon.

Au commandement *Marche*, le 2ᵉ bataillon fera son mouvement comme s'il était seul, à l'exception que ses pelotons extrêmes se mettront sur l'alignement de leurs voisins. Les bataillons extrêmes se conformeront à ce qui a été prescrit pour la formation d'un carré de deux bataillons.

OBSERVATIONS.

Si on voulait avoir 2 pelotons en réserve et une division d'élite sur la 1ʳᵉ face, on lancerait en tirailleurs les pelotons d'élite du 2ᵉ bataillon ; ce bataillon formerait le carré sur le centre, comme s'il n'avait que 6 pelotons. A la sonnerie du ralliement, les tirailleurs viendraient occuper la 1ʳᵉ face, qui leur serait laissée libre par les 4ᵉ et 5ᵉ pelotons ; ceux-ci, à cet effet, doubleraient les sections et se retireraient dans l'intérieur du carré.

Fig. 31.

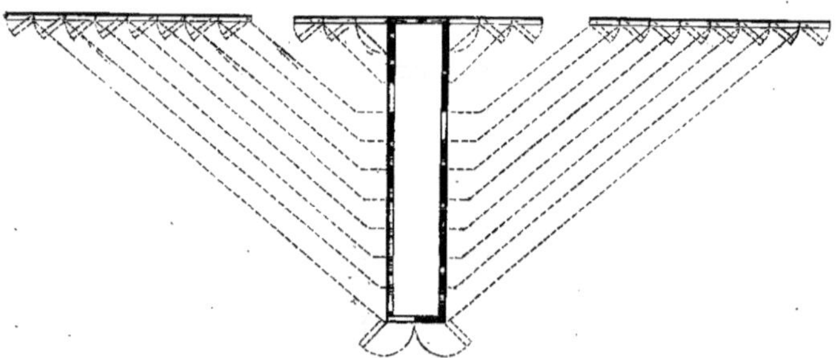

Fig. 32.

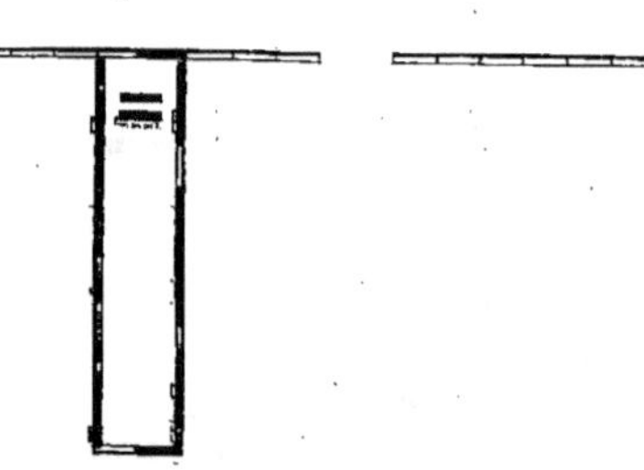

N° 6. Rompre le carré de 3 bataillons.

Un régiment de trois bataillons déployés, ayant été formé en un seul carré, pour le rompre, le colonel commandera :

1. *Rompez le carré.*

2. *Pas accéléré* = MARCHE.

Après le 1er commandement répété, le chef de bataillon du centre se comportera pour ses dispositions et commandements préparatoires comme s'il était seul, les chefs des bataillons extrêmes agiront comme il a été prescrit pour les carrés de deux bataillons.

Au commandement *Marche*, vivement répété, chaque bataillon se portera sur la ligne de bataille.

OBSERVATIONS.

Si la 1re face était formée de deux pelotons d'élite, et qu'il y eût une réserve, on romprait le carré comme il vient d'être prescrit ; les 4e et 5e pelotons du 2e bataillon reprendraient leur place en se portant en avant ; les 1er et 8e pelotons pourraient ou couvrir le mouvement en se déployant de nouveau en tirailleurs, ou gagner de suite leur emplacement par une marche de flanc.

Fig. 33.

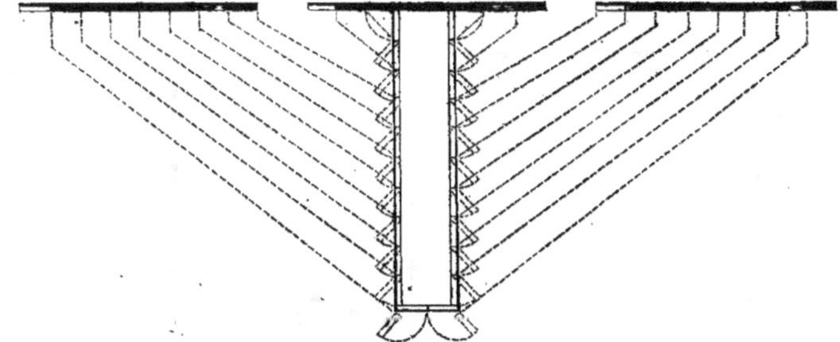

N° 7. Carré de brigade de 4 bataillons.

Une brigade de 4 bataillons en bataille devant former un seul carré sans se mettre préalablement en colonne, le commandant en chef commandera :

     1. *Carré de brigade.*
     2. *Sur le 2ᵉ (ou le 3ᵉ) bataillon, formez le carré.*
     3. *Pas accéléré —* MARCHE.

Les deux premiers commandements ayant été répétés par les chefs de bataillon, le commandant du 2ᵉ bataillon le préviendra de ne pas bouger ; les commandants des 1ᵉʳ et 3ᵉ feront leurs commandements préparatoires comme s'il s'agissait d'un carré de trois bataillons ; le chef du 4ᵉ bataillon commandera de former la colonne par peloton à distance entière sur le 1ᵉʳ peloton, la droite en tête.

Au 2ᵉ commandement, les adjudants-majors des 1ᵉʳ et 3ᵉ bataillons se porteront à 6 pas en avant des files extrêmes du 2ᵉ bataillon, lui feront face et établiront, l'un le guide général de droite du 1ᵉʳ bataillon, l'autre le guide général de gauche du 3ᵉ, bien perpendiculairement à la ligne de bataille, aux points qui doivent former les angles des 2ᵉ et 3ᵉ faces avec la 4ᵉ.

Au 3ᵉ commandement, les 2ᵉ et 3ᵉ bataillons se comporteront comme s'il s'agissait d'un carré de 3 bataillons, à l'exception que leurs pelotons extérieurs resteront sur l'alignement des autres. Le 4ᵉ bataillon ayant été ployé en colonne, comme il a été dit, fera demi-tour à droite ; son chef le mettra ensuite en marche en colonne, la gauche en tête, et le dirigea en le faisant tourner de suite à gauche, le long du prolongement de la 4ᵉ face ; il l'arrêtera lorsque le 1ᵉʳ peloton sera dans le prolongement de la 3ᵉ face, le formera à gauche en bataille et le remettra face en dehors par un demi-tour à droite.

Fig. 34.

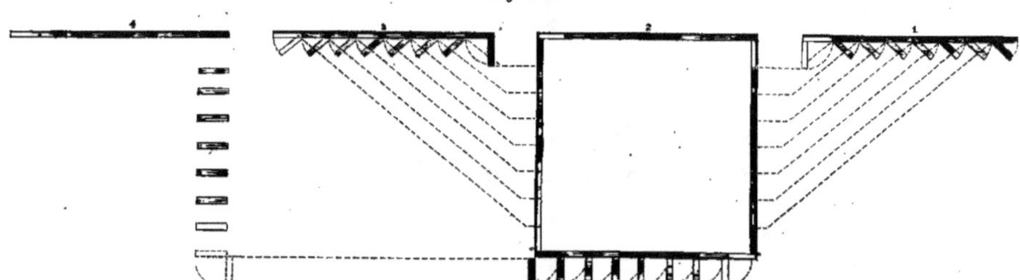

N° 8. **Rompre le carré de brigade.**

Une brigade de 4 bataillons ayant été formée en un seul carré, le commandant en chef voulant rompre le carré, commandera :

1. *Rompez le carré.*
2. *Pas accéléré* = MARCHE.

Au 1ᵉʳ commandement, le chef du 2ᵉ bataillon le préviendra qu'il ne doit pas bouger; le chef du 1ᵉʳ bataillon fera porter son 8ᵉ peloton sur l'alignement du 2ᵉ bataillon et à 24 pas; le chef du 3ᵉ bataillon agira de même à l'égard de son 1ᵉʳ peloton; ces deux chefs de bataillon feront ensuite les mêmes commandements que s'il s'agissait d'un carré de 3 bataillons. Le chef du 4ᵉ bataillon commandera : *Par peloton à droite.* Au 2ᵉ commandement, les 1ᵉʳ et 3ᵉ bataillons se comporteront comme il a été dit pour un carré de 3 bataillons; le 4ᵉ bataillon ayant rompu par peloton à droite, son chef le portera diagonalement en avant, le dirigera ensuite parallèlement à la ligne de bataille et le formera sur la droite en bataille.

Fig. 35.

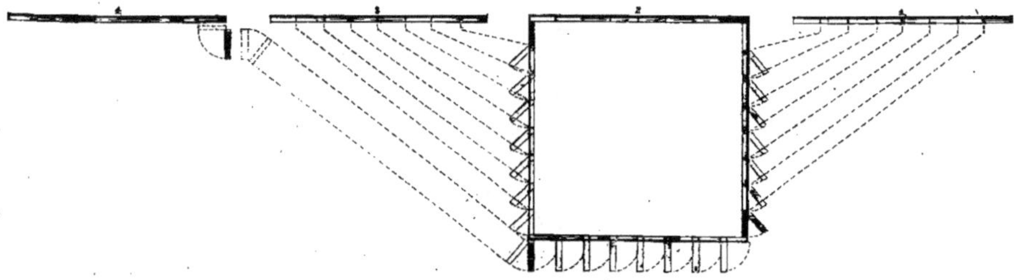

N° 9. Carré oblique sur le centre.

Le chef de bataillon voulant former le carré obliqué sur la division du centre, fera établir obliquement cette division d'après les principes indiqués au n° 941 des Évolutions de ligne, puis ensuite il commandera :

1. *Pour former le carré.*
2. *Colonne double à distance de peloton.*
3. *Bataillon à gauche et à droite.*
4. *Pas accéléré* = **Marche**.

Au commandement *marche*, les pelotons exécuteront ce qui est prescrit pour la formation de la colonne double, les 1er et 8e pelotons serreront en masse sur les 2e et 7e pelotons.

Le chef de bataillon commandera ensuite : 1. *Formez le carré.* 2. *A droite et à gauche en bataille.* 3. *Pas accéléré* = **Marche**.

Au commandement *marche,* on se conformera à ce qui est prescrit n° 700.

Dans une ligne de plusieurs bataillons, le commandant de la ligne voulant faire former le carré oblique sur le centre par bataillon, commandera : 1. *Carré oblique par bataillon.* 2. *Sur le centre formez le carré.* 3. *Pas accéléré* = **Marche**. Au 2e commandement, chaque chef de bataillon fera établir la division du centre, et commandera :

1. *Colonne double à distance de peloton.* 2. *Bataillon à gauche et à droite;* il répétera, après le commandement, *marche.*

Le mouvement s'exécutera dans chaque bataillon comme il a été prescrit.

Fig. 36.

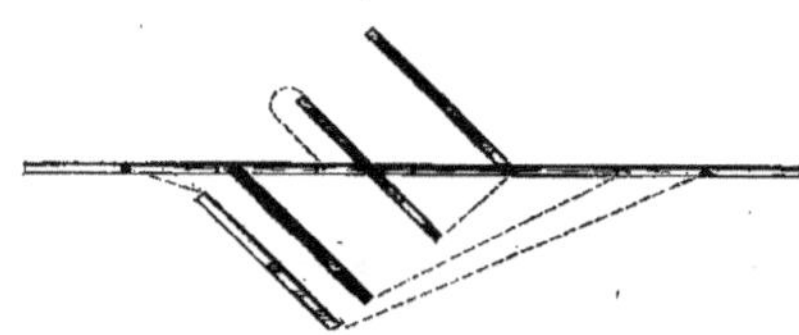

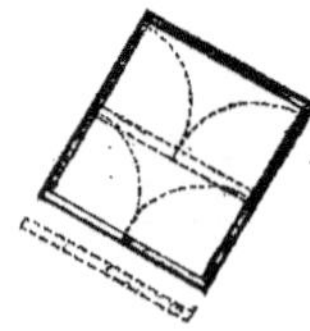

N° 10. Observations générales sur les carrés, sur le centre de un, deux, trois et quatre bataillons.

L'ordonnance sur les manœuvres indique qu'une troupe en bataille devra toujours se ployer en colonne avant de former le carré, et que le déploiement devra se faire de préférence sur une des extrémités de la ligne.

En modifiant ces règles générales, en formant directement le carré sur le centre, sans passer par l'ordre en colonne, on obtient une économie de temps qui provient de la suppression d'un mouvement, et de ce que les troupes n'ont plus à parcourir que la moitié environ de la distance, puisqu'elles se forment sur le centre, au lieu de se former sur les extrémités.

A la guerre, la rapidité des manœuvres a toujours été jugée fort avantageuse, et plus particulièrement encore quand on doit former le carré pour résister aux tentatives d'une cavalerie entreprenante. — Il semble donc que, sous ce rapport, la formation des carrés sur le centre serait utilement employée toutes les fois qu'une troupe en bataille devrait immédiatement se former en carré.

A ce premier avantage, qui paraîtra sans doute appréciable, il faut ajouter que d'après les mouvements proposés, les pelotons conservent leur ordre habituel, ce qui peut avoir une influence morale importante, et que dans les carrés de plusieurs bataillons, ces mêmes pelotons se trouvent sous la surveillance et sous les ordres de leurs chefs de bataillon.

On remarque d'ailleurs que l'espace intérieur du carré n'est jamais traversé par les pelotons, et qu'en suivant les principes de l'ordonnance, cet espace est au contraire occupé par les subdivisions de la colonne avant la formation du carré, et après qu'il est rompu. En admettant le cas où une troupe devrait garantir des bagages, des ambulances et des blessés, ils pourraient, si on exécutait le mouvement proposé, trouver tout d'abord refuge derrière la première face, tandis qu'en suivant les principes prescrits par l'ordonnance du 4 mars 1831, ils n'auraient la place nécessaire qu'après l'entière formation du carré, ce qui serait quelquefois trop tard.

Faire manœuvrer une brigade sur une place carrée de peu d'étendue (9 pelotons de front sur chaque côté).

On suppose une place carrée dont le côté soit égal à neuf fois le front d'un peloton; on propose d'y faire manœuver une brigade de deux régiments, de deux bataillons chacun, les bataillons ayant huit pelotons.

On arrive sur la place par une rue donnant passage à une colonne d'un peloton de front et débouchant perpendiculairement à l'une des extrémités d'un des côtés.

PREMIER MOUVEMENT.

La brigade arrivant sur la place, la former en colonne, les bataillons déployés les uns derrière les autres, à distance de division.

Les bataillons, en débouchant sur la place, formeront successivement les divisions en marchant, chaque division se formant sur le même terrain que la précédente.

Le 1ᵉʳ bataillon serre en masse de manière que la 1ʳᵉ division soit arrêtée à distance de section, plus 3 pas du côté de la place, qui lui est opposé. Chacun des autres bataillons serrera en masse à son tour, de telle sorte que sa 1ʳᵉ division s'arrête à distance de division du précédent, cette distance étant comptée entre les guides des 1ʳᵉˢ divisions.

Ces dispositions étant prises, le commandant en chef commandera .

> 1. *Mouvement par bataillon.*
>
> 2. *Sur la 1ʳᵉ division de chaque bataillon déployez les masses.*
>
> 3. *Pas accéléré =* **MARCHE.**

Ce qui s'exécute d'après les principes prescrits, chaque adjudant-major établissant ses jalonneurs à 3 pas en avant de la 1ʳᵉ division.

Fig. 37.

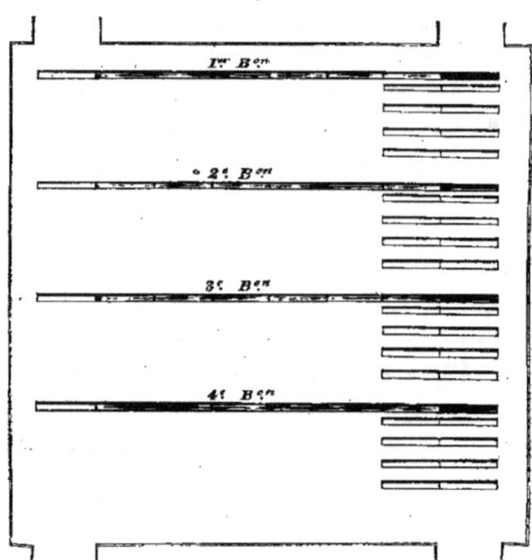

NOTA. Dans une ville du Nord, un colonel qui passait pour bon manœuvrier prétendit, soutint et paria qu'il n'était pas possible de faire manœuvrer quatre bataillons à la fois sur la place d'armes, dont chaque côté n'était égal qu'au front d'un bataillon, plus quelques pas. On exécuta quelques-uns des mouvements détaillés ici, et le colonel reconnut bien vite qu'il avait perdu son pari.

DEUXIÈME MOUVEMENT.

Les bataillons étant déployés les uns derrière les autres, les placer les uns à côté des autres dans l'ordre naturel, tout autour de la place et face en dehors.

Le commandant en chef ordonne que le 1er bataillon se portera 3 pas en avant ; que le second fera *par peloton à gauche* et se serrera en masse sur le 8e peloton ; que le 3e se ploiera en colonne serrée, la droite en tête, sur son 5e peloton, fera la contre-marche et se portera en avant jusqu'à distance de section du côté de la place qui lui sera opposé ; que le quatrième fera *par peloton en arrière à droite* et serrera en masse sur le 1er peloton.

Ces dispositions étant prises, le commandant en chef avertit les chefs de bataillon que leurs bataillons vont déployer, savoir : le 2e sur le 2e peloton, le 3e sur le 4e peloton, et le 4e sur le 2e peloton, puis il commande :

1. *Mouvement par bataillon.*
2. *Déployez les masses.*
3. *Pas accéléré =* **MARCHE**.

Au 3e commandement, le 1er bataillon ne bouge pas ; les autres déploient sur le peloton qui leur a été désigné, les adjudants-majors ayant eu soin d'établir leur ligne de bataille à 3 pas en avant de la tête de colonne.

Fig. 38.

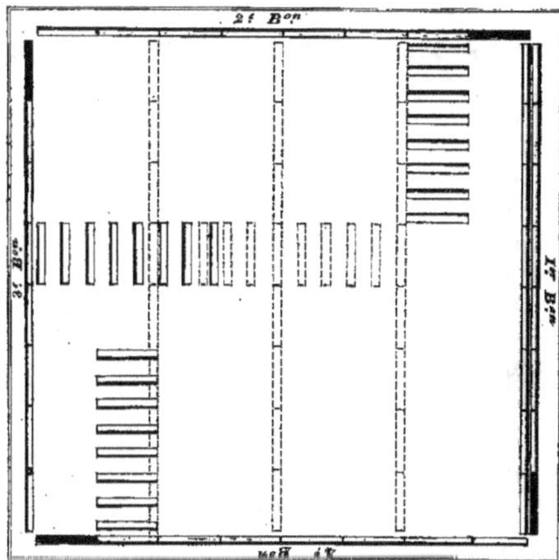

TROISIÈME MOUVEMENT.

Les bataillons étant déployés les uns à côté des autres, dans l'ordre naturel et face en dehors, les mettre face en dedans, mais toujours dans l'ordre naturel.

Le commandant en chef fait changer de place entre eux les 2e et 4° bataillons; à cet effet, ils se ploient en colonne serrée sur leur 1re division, la droite en tête; ils exécutent la contre-marche, se portent ensuite en avant avec le guide à gauche, s'arrêtent contre le côté de la place qui leur est opposé, et s'y déploient dans l'ordre naturel, de manière à être exactement sur l'emplacement l'un de l'autre.

Ces dispositions étant prises, le commandant en chef commande :

1. *Mouvement par bataillon.*
2. *Colonnes doubles à distance de peloton.*
3. *Pas accéléré =* MARCHE.

Et ensuite :

1. *Mouvement par bataillon.*
2. *Face en arrière en bataille.*
3. *Pas accéléré =* MARCHE.

Ces commandements s'exécutent d'après les principes prescrits.

OBSERVATIONS.

La brigade faisant face en dedans, les officiers supérieurs, adjudants-majors et adjudants, restent devant le front de la troupe sur des points symétriques de ceux qu'ils occuperaient s'il y avait place derrière les bataillons.

Fig. 39.

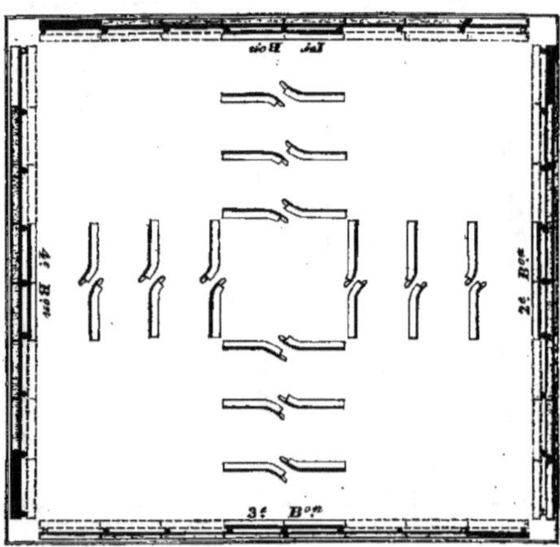

QUATRIÈME MOUVEMENT.

Les bataillons étant déployés les uns à côté des autres, face en dedans et dans l'ordre naturel, les mettre face en dehors, inversés entre eux, mais chacun dans l'ordre direct.

Le commandant en chef commande :

> 1. *Par section à droite.*
> 2. *Pas accéléré* = **MARCHE.**
>
> Et ensuite :
>
> 1. *Mouvement par bataillon.*
> 2. *En avant en bataille.*
> 3. *Pas accéléré* = **MARCHE.**

Chaque bataillon se conforme aux principes de l'École de bataillon pour se former *en avant en bataille.*

OBSERVATIONS.

On a rompu par section et non par peloton, parce que, pour se former en avant en bataille, la première subdivision doit se porter en avant de l'étendue de son front, et qu'il n'y a, devant chaque tête de colonne, qu'un espace égal au front d'une section.

Il y a le terrain nécessaire pour que chaque bataillon puisse se former en avant en bataille sans heurter ni se mêler ; cependant, si on craignait quelque confusion, on n'aurait qu'à rompre par peloton, à faire serrer en masse sur le premier peloton de chaque bataillon et déployer ensuite sur ce peloton.

Fig. 40.

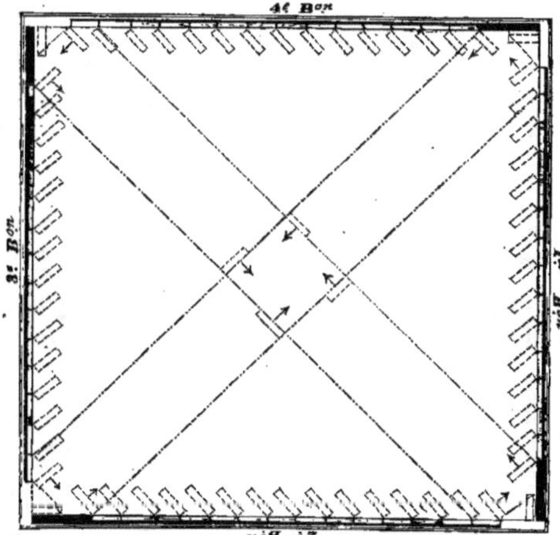

CINQUIÈME MOUVEMENT.

Les bataillons étant en bataille face en dehors, inversés entre eux, mais chacun dans l'ordre direct, les remettre face en dedans dans l'ordre naturel, par le mouvement face en arrière en bataille.

Le commandant en chef commande :

> 1. *Par section en arrière à gauche.*
> 2. *Pas accéléré =* MARCHE.

> Et ensuite :

> 1. *Mouvement par bataillon.*
> 2. *Face en arrière en bataille.*
> 3. *Pas accéléré =* MARCHE.

Chaque bataillon se conforme à ce qui est prescrit à l'École de bataillon.

OBSERVATIONS.

Il y a, à la rigueur, le terrain nécessaire pour se former *face en arrière en bataille*, étant en colonne par section ; cependant, si on craignait quelque confusion, on ferait rompre par peloton en arrière à gauche et serrer à demi-distance sur la tête de chaque bataillon avant de se former face en arrière en bataille.

Si, après avoir rompu par peloton en arrière à gauche, la gauche du 8e peloton de chaque bataillon se trouvait gênée par le 1er peloton du bataillon voisin, elle mettrait provisoirement 2 ou 3 files en arrière.

Fig. 41.

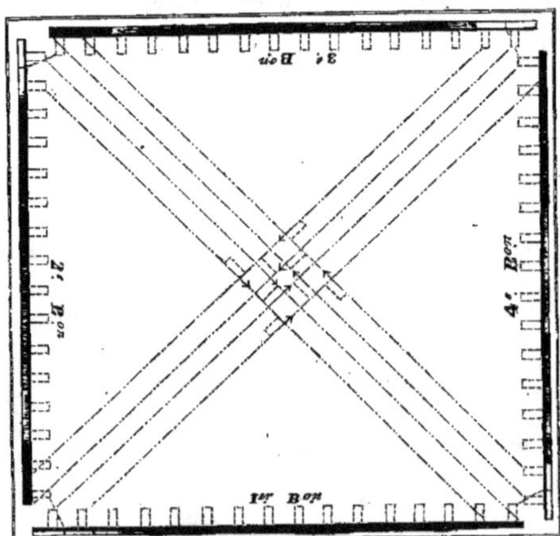

SIXIÈME MOUVEMENT.

Les bataillons étant déployés les uns à côté des autres dans l'ordre naturel, face en dedans, former les carrés par régiment.

Le commandant en chef commande :

    1. *Par division à droite.*
    2. *Pas accéléré =* MARCHE.

La 1re division de chaque bataillon marque le pas en conversant, de manière à laisser passer la 4e division du bataillon voisin et met quelques files de gauche en arrière.

Le commandant en chef commande ensuite :

    1. *Mouvement par régiment.*
    2. *Pour former le carré.*
    3. *Sur la 2e division du 1er bataillon, à distance de peloton, serrez la colonne.*
    4. *Pas accéléré =* MARCHE.
    5. *Formez les carrés.*
    6. *Pas accéléré =* MARCHE.

Les colonels répètent les commandements du commandant en chef, et les mouvements s'exécutent d'après les principes prescrits. La 1re division du 2e bataillon de chaque régiment fait un mouvement par le flanc gauche pour changer de direction ; les autres divisions du même bataillon changent de direction par une conversion du côté du guide.

OBSERVATION.

Ce mouvement peut être utile pour lire une proclamation, par exemple.

Fig. 42.

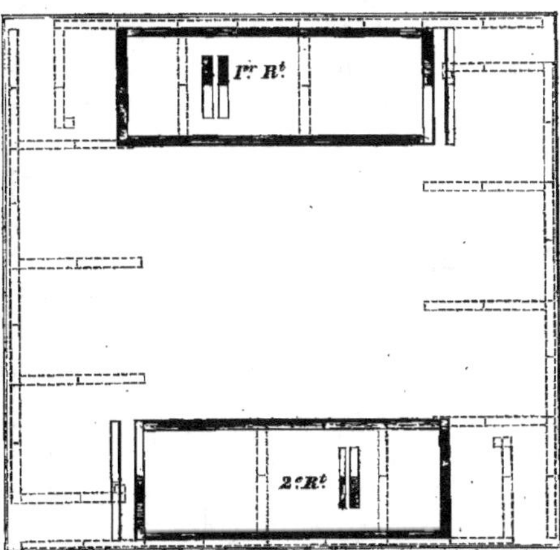

SEPTIÈME MOUVEMENT.

La brigade étant en carré par régiment, rompre les carrés et reformer la ligne face en dedans.

Le commandant en chef fait rompre les carrés, ordonne de faire demi-tour à droite et de prendre les distances sur la 1re division de chaque régiment; chaque division se porte sur l'emplacement qu'elle occupait avant de serrer à distance de peloton pour former le carré ; la 1re division de chaque bataillon met en arrière deux ou trois files de gauche devenue droite. Ces dispositions étant prises, le commandant en chef commande :

1. *A gauche en bataille.*
2. *Pas accéléré* = MARCHE.

Ce mouvement étant achevé, il fait de nouveau exécuter un demi-tour à droite. En se formant en bataille, la 4e division de chaque bataillon marque le pas pour laisser passer la 1re division du bataillon voisin.

Fig. 43.

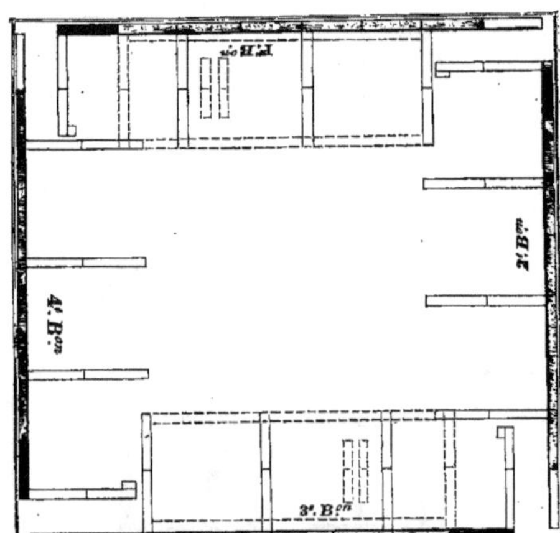

HUITIÈME MOUVEMENT.

La ligne faisant face en dehors, former les carrés par régiment.

Le commandant en chef fait rompre par division en arrière à droite, fait serrer à distance de peloton sur la 2e division de chaque régiment, et le mouvement s'achève comme précédemment.

La 1re division du 2e bataillon de chaque régiment fait un mouvement par le flanc pour serrer à distance de peloton sur la 3e division du 1er bataillon.

Fig. 44.

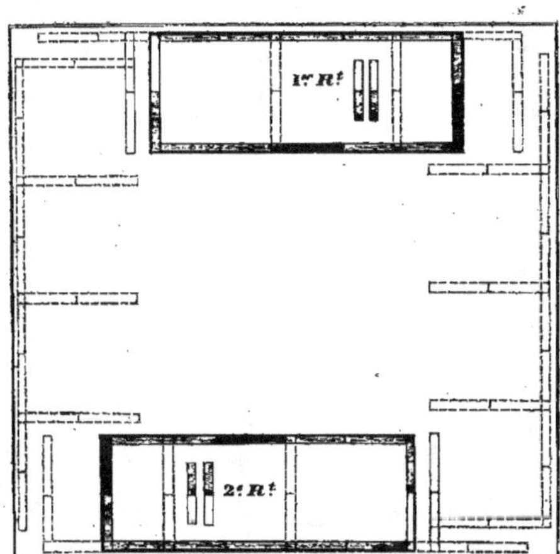

NEUVIÈME MOUVEMENT.

La brigade s'étant formée en carré par régiment, comme il vient d'être dit, la remettre en bataille, face en dehors et dans l'ordre naturel.

Le commandant en chef fait rompre les carrés, exécuter un demi-tour à droite et porter les colonnes en arrière, jusqu'à ce que les premières divisions de chaque régiment aient le terrain nécessaire pour converser; alors les colonnes sont arrêtées, les distances se prennent sur la 1re division de chaque régiment; on fait de nouveau demi-tour à droite, et le commandant en chef commande :

    1. *A gauche en bataille.*

    2. *Pas accéléré =* MARCHE.

Les bataillons se forment d'après les principes prescrits.

Lorsque après avoir fait demi-tour on porte les colonnes en avant préalablement au mouvement de prendre les distances, les 4e divisions des 2e bataillons de chaque régiment changent de suite de direction pour se placer perpendiculairement au côté de la place le long duquel elles se trouvaient avant de rompre en arrière à droite pour former le carré

Fig. 45.

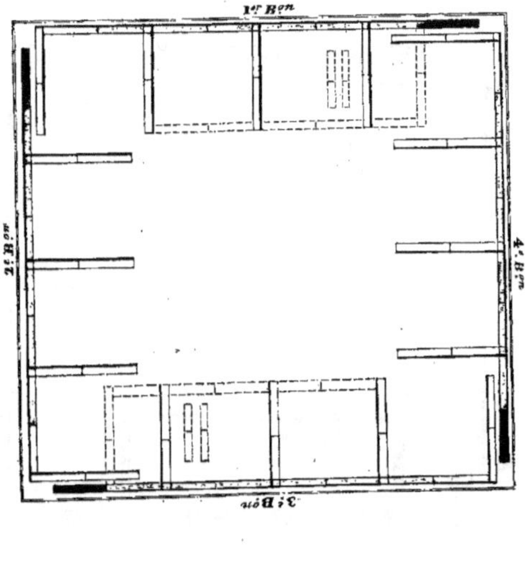

DIXIÈME MOUVEMENT.

La brigade étant en bataille autour de la place, rompre la ligne et défiler.

On rompt par peloton à droite ou en arrière à droite, on serre en masse sur le peloton de la queue, et on prend ensuite les distances par la tête de la colonne pour passer, avec le guide à droite, devant la personne à qui on rend les honneurs.

La colonne, après avoir défilé, serre de nouveau en masse sur le peloton de la tête et assez loin de la personne qui reçoit les honneurs, pour que la queue ne soit pas arrêtée, et en ne prenant, s'il le faut, que 4 pas de distance d'un guide à l'autre. On peut aussi faire quitter le terrain à chaque bataillon au fur et à mesure qu'il défile.

Fig. 46.

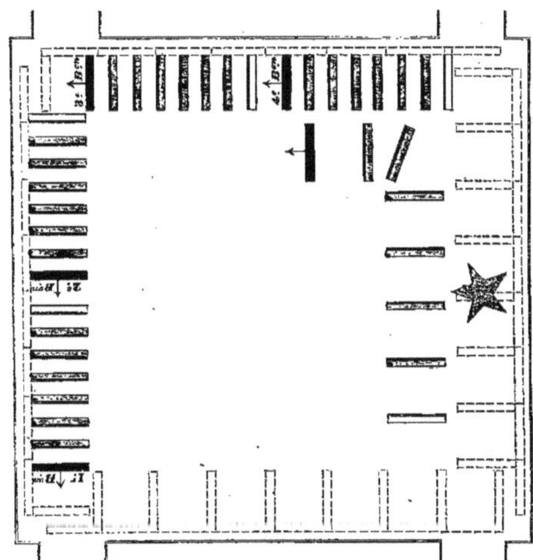

TABLE DES MATIÈRES.

FIN DE LA TABLE.